NENÊ BENVENUTI

OS INCRÍVEIS ANOS 60-70... ...E EU ESTAVA LÁ

novo século®

SÃO PAULO 2009

PRODUÇÃO EDITORIAL Equipe Novo Século
CAPA Fernando Augusto – Elemento Visual
ILUSTRAÇÃO DA CAPA Sergio Carreras
PROJETO GRÁFICO Jessica Scortecci
ILUSTRAÇÕES Allan Sieber
PREPARAÇÃO DE TEXTO Bel Ribeiro

Dados internacionais de catalogação na Publicação (CIP)
(Câmara Brasileira do Livro, SP, Brasil)

Benvenuti, Nenê
Os Incríveis anos 60-70 -- : -- e eu estava lá
/ Nenê Benvenuti . -- Osasco, SP : Novo Século Editora, 2009.

1. Benvenuti, Nenê 2. Jovem Guarda (Movimento musical) 3. Múscos - Brasil - Autobiografia 4. Os Incríveis (Grupo musical) - Brasil I. Título.

09-09742 CDD-780.092

Índices para catálogo sistemático:

1. Brasil : Músicos : Autobiografia 780.092

IMPRESSO NO BRASIL
PRINTED IN BRAZIL
DIREITOS CEDIDOS PARA ESTA EDIÇÃO À
NOVO SÉCULO EDITORA
Rua Aurora Soares Barbosa, 405 – 2° andar
CEP 06023-010 – Osasco – SP
Tel. (11) 3699-7107 – Fax (11) 3699-7323
www.novoseculo.com.br
atendimento@novoseculo.com.br

A minha família toda,
aos meus filhos Roberto e Fábio,
aos meus incríveis companheiros
Manito, Netinho, Mingo e Risonho,
a todos os músicos com os quais
tive oportunidade de tocar um dia,
dentre eles um *special brother*,
Rubinho Cruz, *in memoriam*.

Gostaria de agradecer a todas as pessoas que
acreditaram em mim nesta pretensiosa
aventura como escritor:
minha namorada Solange,
meus amigos: Tony Campello, Tom Gomes,
Os Carbonos, Eduardo Sakamoto,
Cesar Romão, o casal Wilson e Marly,
o amigo Andrias
e...
...a sutileza do mundo espiritual.

SUMÁRIO

PREFÁCIO

PREFÁCIO: Discurso ou advertência, geralmente breve, que antecede uma obra escrita.

Quando me encontrei pela primeira vez com Nenê Benvenuti - e foi de cara um encontro musical - me senti um privilegiado por ter a chance de tocar ao lado de um dos monstros sagrados do rock'n roll. O convite feito por Liminha, um grande amigo em comum, era pra que eu tocasse e cantasse três ou quatro músicas em um show de seu novo projeto, o The Silvas. A banda, uma espécie de Cream brasileiro, contava com a nata dos músicos: Liminha na guitarra, João Barone na bateria e, claro, Nenê no baixo. No repertório, só clássicos do rock'n roll da melhor qualidade. E eu ficaria a cargo de Beatles e Little Richard.

Ao atacarmos logo na primeira música, "Lucille", com aquele riff matador de linha de baixo e guitarra juntos, já senti um clima maravilhoso. Parecia que éramos parte de uma banda e que já tocávamos juntos há muito tempo. Nenê não conseguia esconder sua satisfação e era só sorrisos. Eu relaxei, pensando cá comigo: "acho que o professor 'tá' gostando...'".

Durante a pausa pro café, Nenê começou a derramar sobre a mesa todas aquelas suas maravilhosas histórias vividas na música, e me presenteou com o maior patrimônio de que alguém que passou a vida atrás de um instrumento pode ter: que são todos esses "causos", que ele agora, nos oferece em seu belo livro.

Com uma franqueza incomum nesse tipo de literatura, Nenê nos descreve de forma divertida, processos pelos quais passou e boa parte de nós músicos passamos. Alguns, que ainda são tabus no meio artístico, nem tão divertidos assim... Ele fala, por exemplo, que o sucesso não é só felicidade. E que a harmonia e o equilíbrio pessoal ele só alcançou depois dele; não sem antes passar pelo penoso processo do fim da banda.

Por sua persistência em entender de forma ampla todos os processos que viveu (e que vive) dentro da música e de sua vida; indo em busca de substrato até na filosofia oriental, é que Nenê assim como faz na música, consegue também em seu livro, um resultado pra lá de incrível!

Obrigado, Nenê!

Samuel Rosa - SKANK

APRESENTAÇÃO

Meu nome é LÍDIO, mas fiquei conhecido pelo apelido de NENÊ d'OS INCRÍVEIS, um grupo musical que fez muito sucesso nos anos 60 e 70.

Jamais tive a pretensão de ser escritor na vida, e até poderia dizer "Como escritor, sou um bom contrabaixista".

Mas muitos amigos insistiram para que eu escrevesse contando minhas histórias e minha experiência com a música, com o sucesso etc.

Então, pensei:

"Já que o Brasil não tem memória, mas eu ainda tenho, acho importante deixar por escrito o que a minha geração, dos anos 60 e 70 – a chamada *geração revolucionária, da rebeldia, do rock, das drogas, do amor livre* –, contribuiu *ou não* para o mundo. Vou tentar mostrar isso, por meio da minha experiência, pelo menos dos meus erros e acertos..."

Procurei neste livro evitar citar nomes de pessoas que, de alguma forma, participaram das minhas histórias, a fim de não comprometê-las. Não acho justo ferir ninguém.

O autor

INÍCIO DA CARREIRA

Minha história começa no dia 10 de abril de 1947, como último filho de uma família numerosa, portanto, caçula, eterno *nenê* da casa, temporão e, é claro, muito mimado.

Minha infância foi muito musical, porque meus irmãos e irmãs tocavam e cantavam, minha mãe cantava na igreja, e, assim, em casa a música sempre estava presente, e era uma gostosa festa.

Aos 8 anos de idade, comecei a tocar bongô no conjunto do meu irmão, os Big Boys, porque estavam na moda o bolero e o *chá-chá-chá*.

Aos 10 anos, comecei a tocar trompete, ou pistom, graças à boa vontade do meu irmão Romeu em me ensinar; tocava na Banda Marcial do Colégio; e aos 11, estudei um ano de piano.

Mas foi em 1958 que vi pela TV, aqui no Brasil, Bill Halley e Seus Cometas e pensei comigo: "Eu quero tocar esse ritmo aí, o *rock and roll*". Em casa, começaram os preparativos para montar um conjunto (na época, chamava-se *conjunto*, e não *banda*), e meu irmão Romeu, muito habilidoso, fazia algumas guitarras artesanalmente, mas o instrumento que ele tocava era bateria.

1959. Pronto! O conjunto estava formado, o nome era The Rebels, e eu ficava só assistindo aos ensaios, prestando muito atenção, principalmente na bateria, até que, um dia, um grande empresário e *disc jockey* Miguel Vaccaro Netto, viria assistir ao ensaio. Por obra do destino, o guitarrista não pôde comparecer e meu irmão o substituiu na guitarra e me colocou tocando bateria. A sorte foi que eu já conhecia todas as músicas! O homem chegou, a gente tremeu e tocou, e o cara gostou. Ufa! Lembro-me de que ele disse para me conservar no conjunto tocando bateria, que seria uma atração a mais.

Alguns meses depois (isso já em 1960), estávamos tocando na TV Record, fazendo a abertura de shows internacionais, como Frankie Lymon e Johnny Restivo, cantores famosos nos anos 50.

The Rebels – Primeira banda em que toquei, em 1959, na bateria, e não com guitarra como nesta foto. Ao meu lado estão, embaixo, da esquerda para a direita, Romeu (meu irmão) e Prini Lorez, e, em cima, José Carlos e Gaspar.

Vale enfatizar aqui que, em 1959, o rock and roll era uma novidade, portanto o grande público ainda não tinha muito conhecimento desse novo movimento. Devido a isso, o público que frequentava a TV Record para assistir a esses shows poderia ser considerado elitizado. Só depois, em 1960/61, o rock se tornou mais popular.

Em 1959 gravamos nosso primeiro disco com as músicas: Hey baby e Ding dong daddy wants to rock.

Primeira gravação dos "Rebels" em 78 rotações.

MENINO PODRÍGIO

Vou contar agora uma passagem que ocorreu no camarim da Record. Eu tinha então 12 anos de idade e estava lá com a rapaziada bem mais velha que eu. Foi então que senti um cheiro estranho de fumaça, meio doce, e fui perguntar o que era. O pessoal deu qualquer explicação evasiva, e alguém me tirou de lá. Eu acabava de conhecer a velha maconha.

Logo em seguida, aproximou-se de mim uma tremenda gata de uns 17-18 anos, com quem comecei a conversar, e, de repente, ela me beijou suave e gostosamente na boca e, logo depois, passou a língua na minha orelha e saiu. Arrepiado, sem entender nada, fui perguntar para os mais velhos o porquê da língua na orelha, e lembro-me bem da resposta: "Mais tarde você vai entender isso".

Garoto de 12 anos, no meio de adultos, eu tinha de amadurecer mais cedo mesmo. Afinal, eu já era um menino ***podrígio***. O termo certo é "prodígio", eu sei, mas o motivo da minha insistência é pelo que acontece na cabeça de um garoto de 12 anos: com toda essa maturidade e experiências precoces, ele perde a infância e a inocência muito cedo, e começa a viver a *vida podre* adulta, antes do tempo.

Nada é mais chato que uma criança-prodígio. Todo mundo fica adulando, elogiando, e a criança já se torna um miniegocêntrico pentelho, cheio de manhas e artimanhas. E, honestamente, este foi o meu caso também.

Estou contando isso por causa de uma viagem que fizemos ao Rio de Janeiro em 1960, com uma caravana de cantores e conjuntos de *rock* de São Paulo, para tocar no programa de auditório do Jair de Taumaturgo e, depois, no programa do Chacrinha. The Rebels, The Avalons, The Beverly's, Regiane,

Marcos Roberto, Dory Angionela, The Jester Tigers – este último conjunto era onde meu amigo Gato (guitarrista) tocava –, Nick Savoya, Hamilton di Giorgio, e mais um bocado de gente da qual não me lembro no momento.

Foi um tremendo sucesso, porque nos apresentamos ao vivo. No primeiro dia tocamos no *Hoje é Dia de Rock*, programa do Jair de Taumaturgo, e no segundo, fomos tocar no Chacrinha.

Aí a "coisa pegou". Quando chegou a nossa vez de tocar (The Rebels), o Chacrinha cismou comigo, por causa da minha pouca idade, e pediu para que eu fizesse uma demonstração na bateria, que apresentasse um pequeno solo. Meu sangue ferveu de nervosismo, fiquei vermelho, tremendo de medo daquele auditório enorme, e não fiz o solo. Eu disse "Não", e repeti. Mas meu querido Chacrinha entendeu minha inibição, carinhosamente passou a mão na minha cabeça e disse:

— Amanhã vocês vão voltar no meu programa, e até lá você vai estar mais calmo e fará o seu solo.

Aquilo foi um alívio pra mim!

The Rebels (da esquerda para a direita): Romeu, José Carlos, Rodolfo (substituindo Prini), Gaspar e eu.

Quando acabou o programa, fui correndo pro ônibus, mas, assim que entrei, já tomei um cascudo do meu irmão e ouvi broncas do pessoal dos The Rebels. Fui me sentar no último banco, e chorei, chorei muito. Afinal, eu tinha fracassado, e na frente de todo aquele auditório, e num programa de televisão. Fiquei arrasado...

Mas, no dia seguinte, acordei disposto e preparado para o desafio. Uma força maior tomou conta de mim, e fomos para o programa do Chacrinha de novo. E dessa vez consegui fazer meu solo de bateria, suando, tremendo e vencendo minha timidez, na marra! A primeira barreira a gente nunca esquece.

Em 1960 e 61, o *rock and roll* se tornava mais popular no Brasil devido ao grande sucesso de Celly Campello, Tony Campello, Carlos Gonzaga, Demétrius e muitos outros. Lembro-me de que existia um programa de televisão chamado *Brotos em Hi-Fi* na TV Record, onde acompanhei, com os Rebels, vários cantores e cantoras da época. Nesse mesmo período, despontaram vários grupos instrumentais no mundo e, dentre eles, dois foram os mais famosos: The Shadows, na Inglaterra, e The Ventures, nos Estados Unidos.

Em 1962 resolvemos mudar o estilo dos Rebels que até então fazíamos – músicas do Elvis Presley, Jerry Lee Lewis, Little Richard e outros – para nos tornarmos um conjunto estritamente instrumental.

A formação da banda mudou, e eu deixei a bateria e comecei a tocar baixo elétrico. Por sinal, quem me ensinou foi José Carlos, antigo baixista dos Rebels.

Como eu não tinha um instrumento ainda, ensaiava no meu violão sem as duas cordas de baixo. Logo depois comprei um contrabaixo Del Vecchio sem trastes, ou seja, sem as marcações do violão, o que dificultava ainda mais o aprendizado, mas o destino foi mais forte.

Nessa época, já existiam pelo menos três conjuntos bons e famosos: The Jet Blacks, The Jordans e The Clevers – que posteriormente se chamariam Os Incríveis –, que tocavam à noite, em boates como Lancaster, Saloom e Serenata, todas instaladas na Rua Augusta, que era o *point* do momento.

Mesmo com meus 16 anos, eu dava um jeito e entrava nessas boates, para ver e ouvir esses conjuntos que tanto admirava. Até que, um dia, Fauze, dono da boate Lancaster, nos convidou, os Rebels, para tocar. Mas havia um problema: eu era menor de idade. Então, ficou combinado que, se alguém do Juizado de Menores aparecesse por lá, eu sairia correndo e me esconderia na cozinha da boate.

E não deu outra. Estávamos tocando, felizes da vida, quando o porteiro da boate subiu correndo para nos avisar do Juizado. Rapidamente, meu amigo Gato, do Jet Blacks, pegou meu baixo e continuou tocando, enquanto eu ia para baixo do fogão. Enquanto esperava os "homens" se retirarem, fiquei pensando: "Não vejo a hora de completar 18 anos...".

A noite já exercia um grande fascínio sobre mim. E, quem diria, mais tarde eu nela viveria por muitos e muitos anos...

Segunda formação dos The Rebels (da direita para a esquerda): José Carlos, Constantino, Nino e eu.

O OUTRO LADO DA MOEDA, OU DA HISTÓRIA

Com 12 anos de idade, senti o cheiro de maconha pela primeira vez, no camarim da TV Record. Aos 14, me deram um "baseado", ou melhor, uma bomba, com fumo "cabeça de nego" da melhor qualidade. Eu e um amigo fumamos o "bagulho" todo de uma só vez! Fiquei louquinho de tudo! Andei pelas ruas do bairro, não sentia as pernas nem os braços, virei só um tronco com cabeça, e ela a mil por hora. Sem saber o que fazer – porque não podia voltar para casa naquele estado –, fui à igreja falar com Deus. Entrei, ajoelhei-me e chorei, prometendo nunca mais fumar aquilo. Depois sentei-me, respirei fundo e fiquei ali até o "barato" passar.

Ainda aos 14 anos, nos famosos bailinhos de garagem, comecei a beber o velho "Cuba-libre" e "Hi-fi". Para quem não sabe, Cuba-libre é rum com Coca-cola, e "Hi-fi" é vodca com Fanta, ou Crush na época. E assim comecei minha carreira de alcoólatra, paralelamente com a de músico.

Aos 15 experimentei a primeira anfetamina, um Dexamil. Você tomava e ficava a mil. Acelera o coração, fazendo o sangue correr mais rápido na circulação toda – você tem uma sensação de euforia maravilhosa. De repente o mundo fica lindo. Lembro-me de que tomei antes do almoço e, quando cheguei em casa, estavam todos à mesa, prontos para almoçar. Sentei-me, coloquei só um pouco de comida no prato, disfarcei a euforia, mas não consegui comer absolutamente nada. Minha mãe me perguntou alguma coisa sobre a comida, dei-lhe uma desculpa qualquer, como "dor de estômago", e saí da mesa. De novo ninguém sacou!

As anfetaminas voltariam à minha vida mais tarde...

Maconha, bebum, anfetamina... Era a juventude rebelde querendo não sei o que, provar sei lá o quê. Mas o mundo, de alguma forma, estava mudando, tinha de mudar. Sexo, drogas e *rock and roll* tinham vindo para ficar.

SURF MUSIC-INSTRUMENTAL

Com os Rebels gravei dois LPs, participando de muitos programas de televisão, shows, festas e até de circos. Aliás, chegou a acontecer um episódio interessante nos circos.

Tínhamos acabado de gravar o primeiro LP, e a gravadora queria que fizéssemos bastante divulgação. Por isso, acabamos tocando em lojas de discos no centro de São Paulo em dias de semana, e nos finais de semana lá íamos nós para a periferia com uma Kombi alugada, carregando a aparelhagem, bateria e tudo mais nas costas, "montando o nosso circo" dentro de um circo e, logo em seguida, tocando e suando. Pra caramba!

Tudo pelo sucesso!

Os Rebels, depois de tocar numa loja de discos no Centro de São Paulo.

Programa *Brotolândia* (da esquerda para a direita): Ademar Dutra, Zé Carlos, Rodolfo, Constantino e eu. Os amplificadores eram da marca Ipame e, por incrível que pareça, tinham apenas 15 watts de potência; as guitarras brancas e o meu baixo eram do Luthier Ulisses, e a guitarra preta feita por meu irmão Romeu.

Lembro-me de que, aos sábados, minha turminha da Vila Pompeia promovia os famosos *bailinhos de garagem,* onde toda a moçada se encontrava, dançava e namorava. E eu lá, na periferia, tocando para um público não muito condizente com o nosso som. Mas, mesmo assim, era muito bom receber os aplausos daquele povo e os gritinhos das famosas "macacas de auditório".

— Lindo! Liiindoo!

Por outro lado, os homens, com ciúmes, gritavam:

— Sai daí cabeludo! Viado! – na época, não existia a palavra *bicha* ainda.

Alguns até atiravam chicletes mascados em nossos cabelos! Mas ficávamos lá... Enfim, tudo pelo sucesso!

Depois de tocarmos em dois circos no mesmo sábado, voltando de Kombi, cansado, eu pensava: "Como terá sido o bailinho que não fui? Ah, esta vida de artista!".

Os dois LP's que gravei com The Rebels.

THE BEATNIKS E O JOVEM GUARDA

No começo de 1964, estávamos ensaiando a todo vapor quando um amigo, não me lembro quem, interrompeu nosso ensaio para mostrar um compacto simples com duas músicas de um conjunto que estava fazendo muito sucesso. Lembro-me de que perguntamos se era um grupo instrumental, e, para nosso espanto, era um grupo vocal e instrumental. Colocamos o disco na vitrola, já meio preconceituosos, e começamos a ouvir as vozes meio agudas, estridentes... Não gostamos muito, e até dissemos: "Esse grupo, aqui, não vai pegar!".

Eram os Beatles, e a música, *I Wanna Hold Your Hand*. Simplesmente o que tínhamos acabado de ouvir seria o maior fenômeno do século! Com isso, obviamente, as músicas instrumentais tiveram de ceder espaço para músicas cantadas, e, a partir daí, surgiram no mundo inteiro muitos grupos seguindo esse mesmo estilo.

Em 1965, saí dos Rebels e comecei a procurar músicos que quisessem montar um grupo na "cola" dos Beatles. Depois de muita procura, achei o pessoal certo para o grupo e formamos The Beatniks.

Ensaiávamos muito, porque, além de tocar, tínhamos agora de cantar, fazer vocais também, o que tornava o trabalho mais complexo. Na nossa época, é bom lembrar, só tínhamos os discos gravados como referência, ao contrário de hoje, com toda a tecnologia, vídeos etc.

Pronto! O conjunto estava ensaiado, nossos cabelos mais compridos e com franjas, iguais aos dos Beatles. Mandamos confeccionar os famosos terninhos sem gola, calça pula-brejo e as botinhas com salto carrapeta (salto alto). E agora?

Em meados de 1965, estava para começar um programa de televisão aos domingos só para a juventude, com diversos conjuntos, cantores e cantoras, e seu apresentador seria o Roberto Carlos. Quando soube disso, fui correndo atrás do Roberto, afinal eu já o conhecia desde 1963, quando ele começou a cantar em São Paulo.

Lembro-me bem de que, certa vez, no *Clube dos Artistas*, apresentado pelo Airton e pela Lolita Rodrigues, Roberto estava sem *play-back* e precisava cantar ao vivo e nos pediu, aos Rebels, na época, que o acompanhássemos. A música era *Splish Splash*.

A partir daí nos encontrávamos sempre nas rádios, trabalhando nossos respectivos discos, e fizemos uma grande amizade. Lembro-me de outra ocasião, quando estávamos saindo da Rádio Nacional. Eu já ia pegar o ônibus quando o Roberto me ofereceu carona no seu Fusca verde. Ele me levou até minha casa.

Nessa época, eu morava no bairro de Higienópolis, e, no caminho, conversávamos sobre carros, nosso assunto favorito, até que eu disse para ele que meu pai tinha um Impala ano 63. Ele ficou louco para ver o carro. Chegamos ao prédio onde eu morava, descemos até a garagem e olhamos aquela maravilha americana verde-água com capota branca, faixas brancas nos pneus!

O Roberto, por um momento, ficou mudo, só olhando aquela "banheira", quero dizer, beleza, e depois me disse:

— Quando eu fizer sucesso e ganhar dinheiro, vou comprar um carro igual a este.

Dito e feito. Dois ou três meses depois, estava no meu apartamento quando ouvi várias buzinadas. Quando olhei para baixo, lá estava o Roberto com um Impala 1964 azul, lindo, conversível. Desci e fomos passear. Foi um momento lindo!

É, mas eu estava falando dos Beatniks... Que fazer? Fui ao apartamento do Roberto e falei:

— Roberto, eu preciso de um favor seu.

Então ele respondeu:

— Fala aí, bicho!

— O negócio é o seguinte: montei um conjunto chamado The Beatniks, nós tocamos só músicas dos Beatles. Vim aqui pedir pra você encaixar a gente lá no *Jovem Guarda.*

O Robertão deu um pulo e disse:

— Mas vocês fazem mesmo as músicas deles?

— E fazemos bem-feito!

— Ok. Domingo que vem, cheguem na Record às 10:00 horas da manhã.

Agradeci e saí correndo para contar a novidade pra rapaziada dos Beatniks.

E assim começamos a tocar todos os domingos no *Jovem Guarda,* onde éramos apresentados pelo Roberto como "O melhor Liverpool Sound do Brasil: The Beatniks".

Acompanhando o Roberto, tocando com The Beatniks, no *Jovem Guarda.*

O PROGRAMA JOVEM GUARDA

A época do *Jovem Guarda* foi como um sonho! Todos os domingos, aquela turma de jovens se encontrava e procurava se expressar através da música, felizes e despreocupados com o que estava acontecendo no mundo e no Brasil! Estávamos lá participando de um programa de televisão, que logo depois se tornaria um movimento musical e de costumes para a juventude da época. Era uma grande festa para o público e para nós no palco!

Musicalmente falando, as letras eram simples, ingênuas até, mas de fácil assimilação, daí a razão do tremendo sucesso no Brasil inteiro. No *Jovem Guarda,* cada conjunto tocava sua música e depois acompanhava quatro cantores(as). Ensaiávamos duas horas antes do programa, sem partituras das melodias nem nada... Era tudo de ouvido, mas, mesmo assim, no final tudo dava certo. Não era à toa que o pessoal da MPB olhava (e ouvia) a gente com desdém, porque em termos de letra e harmonia a Bossa Nova era mais rica, mas o que eles não entendiam é que estávamos tocando para os jovens, e a juventude da época gostava e queria ouvir a música que fazíamos. E como a voz do povo é a voz do povo (acho que Deus não tem nada a ver com isso), eles tiveram de engolir nosso sucesso, como hoje a gente engole tantas músicas ruins e apelativas que abundam nas paradas. Nossa música popular brasileira virou música *pra-pular* brasileira, e mais recentemente, com essas novas danças, virou música *pra-copular* brasileira.

Mas, voltando aos Beatniks, quando Roberto Carlos apresentava o conjunto e começávamos a tocar as músicas dos Beatles, o Teatro Record vinha abaixo! As meninas gritando, aquela energia toda... Eu me sentia um John Lennon brasileiro, com quem sempre me identifiquei mais por causa de sua irreverência.

Oh, meu Deus, que época boa!

Eu estudava no Mackenzie, queria ser psicólogo, tocava no *Jovem Guarda,* o programa de maior sucesso entre a moçada da época, e tocava algumas noites na Boate Cave. Ah, o Cave...

Com certeza, foi um dos melhores momentos da minha vida! Todo o pessoal do *Jovem Guarda* se reunia, quase todas as noites, na boate, onde curtíamos, dançávamos, ríamos e, principalmente, transávamos muito!

Eu tinha, então, 18 anos. Ganhava uma graninha no *Jovem Guarda* e uns trocos para tocar no Cave. Não tinha nem carro, mas tinha meu contrabaixo na mão, muito tesão e disposição.

Cada noite era sempre uma grande festa.

Detalhe: naquela época não existia motel, mas havia um casarão grande numa travessa da rua Augusta, não me lembro do nome, que era a famosa *casa da baiana.* Todo o pessoal, depois do Cave, se encontrava meio sem graça nos corredores daquele casarão escuro indo para seus quartos com as moçoilas.

Mas, chega de sexo! Voltemos ao *rock and roll.*

Com os Beatniks, acompanhamos Roberto Carlos em vários shows em clubes, cinemas etc. Tocávamos duas músicas antes e, depois, o apresentávamos. Por sinal, íamos todos naquele lindo Impala azul, conversível, para os shows. Foi demais!

Estava tudo lindo e maravilhoso! Mas, quanto aos estudos, a situação estava preta, minhas notas no Colégio Mackenzie estavam baixas, e eu já tinha "estourado" em faltas, ou seja, já estava reprovado naquele ano de 1965. Lembro-me do meu pai me dizendo, com seu sotaque italiano:

— Escuta aqui, menino! Se você repetir de ano, vai trabalhar comigo no restaurante!

Meu pai tinha restaurante na época. Antes mesmo de John Lennon eu pensei: "Meu sonho acabou...". Aquelas tardes de domingo, os shows, as noitadas, tudo por água abaixo, imaginando-me na caixa registradora do restaurante, olhando pro nada, frustrado e deprimido...

Mas o destino sempre fala mais alto.

OS INCRÍVEIS

Foi numa noite, no começo de 1966... Estava eu lá, na boate Cave, tomando meu uísque Drury's - porque, afinal, eu era um *druris,* ou melhor, um *duro* - quando, de repente, quatro rapazes, aparentemente nervosos, entraram e se dirigiram a mim. Eram eles! Manito, Netinho, Mingo e Risonho - *Os Incríveis!*

— Nenê - eles disseram. — Precisamos conversar.

Eu pensei: "Que será que esses caras querem?".

Sentados à minha frente, estavam os quatro Incríveis. Manito foi o primeiro a falar:

— Nós viemos aqui pra saber se você quer entrar no conjunto.

Fiquei como quem não tinha entendido nada, porque, afinal, foi uma surpresa, algo que eu não esperava mesmo. Tomei um gole do meu uísque e perguntei:

— Por quê?

Eles me explicaram que haviam se desentendido com o Neno, baixista do grupo, e que, por diversas razões, ele ia se afastar do conjunto. Disseram também que gostavam do meu estilo de tocar e, por isso, queriam que eu tomasse o seu lugar o mais rápido possível, mas...

— Nenê, você vai ter de cortar seu cabelo - eles disseram. — Porque não usamos cabelos compridos. É uma questão de imagem, entende?

Pedi até o dia seguinte para pensar, com a cabeça mais fresca, na proposta. Eles toparam e saíram em seguida do Cave. Pedi mais uma dose de uísque e comecei a contar o que tinha acontecido a meus amigos e amigas, de quem ouvi diversas opiniões. Alguns acharam ótimo, outros não. Fui ouvindo todos e ficando mais confuso ainda.

"E o meu cabelo?". Estava bem comprido, bem tratado, lindo! E eu teria de cortá-lo! "Meu Deus!", pensei, "Mas que perseguição com o meu cabelo!" Eram o diretor do colégio, professores, alguns familiares, os caras na rua olhando torto, às vezes até xingando de cabeludo, veado... É amigo(a), era complicado usar cabelos longos na época, porque as pessoas não gostavam e não aceitavam. Hoje, isso seria um absurdo, não é? Mas nós estávamos nos anos 60.

Olha eu aí de cabelinho cortado!

Acordei no dia seguinte concluindo que não tinha nem o que pensar. Afinal, o sucesso estava batendo à minha porta! Telefonei para Os Incríveis a fim de marcar uma reunião, mas, em vez disso, já fui para o ensaio.

Foi tudo muito rápido. Na mesma semana toquei com eles no programa *Corte Rayol Show*, na TV Record, e no dia seguinte, sexta-feira, estávamos no interior de São Paulo, tocando em Santa Cruz do Rio Pardo. No sábado, show em outra cidade da qual infelizmente não lembro o nome, e no domingo encerramos o fim de semana em São Vicente.

O primeiro LP que gravei com Os Incríveis.

Nessa época, além de participar de shows, tocávamos em bailes com cinco horas de duração, ou seja, *dura ação*. Lembro-me de que, ao término do terceiro baile que fiz com Os Incríveis, fomos para o carro e rapidamente o dinheiro dos três shows foi dividido. Fiquei abestalhado quando recebi a minha parte. Aquela grana toda! Era difícil de acreditar.

Pensei comigo: "Se continuar assim, logo logo vou comprar um carro". Mas o que comprei mesmo foi minha primeira motocicleta, a Magrela - uma Ital Jet 75 cilindradas, de competição -, que era pequena, mas "voava". Esta minha paixão por motos continua até hoje. Depois dela, comprei meu primeiro automóvel: um Simca Tufão, lindo de morrer!

Risonho e Netinho com seus Fuscas, Mingo com um Opel,
eu com o meu Simca Tufão, e o Manito com esse aí...

Minha primeira aparição com Os Incríveis no *Jovem Guarda* foi meio estranha, porque o público fiel do programa não entendeu nada ao me ver com os cabelos cortados tocando em outra banda. Eu mesmo me senti estranho. Afinal, aquele sucesso d'Os Incríveis não era meu ainda, pois eu tinha pego o bonde andando. Só depois que gravei o primeiro disco com eles é que me senti realmente fazendo parte da banda. Coisas da consciência e da filosofia do "estar" e do "ser".

Dei sorte, muita sorte! Os Incríveis decolavam para voar alto.

Além do *Jovem Guarda,* participávamos de vários programas da TV Record, que tinha uma programação muito variada. Era este, sem dúvida, o motivo do grande sucesso da emissora.

Na época, estava no ar o programa *Corte Rayol Show,* apresentado por Agnaldo Rayol e o grande humorista Renato Corte Real; o *Show em Simonal,* apresentado pelo próprio; o *Fino da Bossa,* com Elis Regina; *Bossaudade* com "a divina" Elisete Cardoso; *Essa Noite se Improvisa,* que tinha à frente Blota Jr.; *Astros do Disco,* que apresentava os discos mais vendidos na parada de sucesso, apresentado por Randal Juliano; e ainda, de quebra, o *Show do Dia 7,* um especial, ao vivo, é claro, no qual havia de tudo um pouco: humor com vários comediantes da época e músicas de todos os estilos, com os mais variados cantores, cantoras e grupos musicais. Era uma festa!

Mais "festa" ainda acontecia nos bastidores e corredores da Record, onde tivemos a grande oportunidade de conhecer todos os artistas da "casa".

Além da turma do *Jovem Guarda,* lá estavam Hebe Camargo, Ronald Golias, Ciro Monteiro, Costinha, Ivon Cury, Simonal, Isaurinha Garcia, Zimbo Trio, César Camargo Mariano, Jair Rodrigues, Edu Lobo, Nara Leão, Jô Soares, Cauby Peixoto, Quarteto em Cy, MPB 4, Regional do Caçulinha, Adoniran Barbosa, e muitos outros grandes artistas que agora me fogem à memória.

Essa interação foi realmente muito bonita e importante na minha vida; estávamos todos lá para fazer um programa de televisão onde havia muita amizade e um grande respeito entre todos nós. Fomos todos privilegiados em participar dessa festa. *Good times!!!*

AS RÁDIOS DA ÉPOCA

As rádios também eram uma "festa", pois todos os cantores(as) e grupos musicais inevitavelmente se encontravam porque, nessa época, eram os próprios artistas que divulgavam seus discos, indo de rádio em rádio, fazendo 5, às vezes 10 programas em um só dia. Era comum encontrarmos todo o pessoal da *Jovem Guarda* com seu respectivo disco embaixo do braço, inclusive Roberto Carlos.

Havia vários programas para a juventude comandados por disc-jóqueis, como Antonio Aguilar, Carlos Alberto Lopes (Sossego), Ademar Dutra, Luís Aguiar, Serginho Freitas e muitos outros. O esquema, para todos os artistas, era o seguinte: chegávamos, dávamos uma entrevista, o D.J. tocava uma ou duas músicas do LP, nos despedíamos e saíamos correndo para fazer outros programas. Era uma correria, muito trabalho, mas, acima de tudo, muita farra e muitas risadas.

Lembro-me de que muitas vezes tocamos ao vivo em programas e, em alguns, tinha até um pequeno auditório com a evidente participação especial das famosas "macacas de auditório" que, com aquela histeria toda, davam mais brilho às apresentações.

Foi, sem dúvida, muito divertido!

ATORES TAMBÉM

Fomos (Os Incríveis) convidados para viajar de navio à Europa, na época da Copa do Mundo de 1966, e fazer um filme a bordo. "É a glória!", pensei. "Agora, além de músico, vou virar ator! Alain Delon que se cuide! Aí vem o grande ator Nenê Delon-ge!".

Embarcamos no navio *Princesa Leopoldina*, juntamente com vários artistas, como Agostinho dos Santos, Alda Perdigão, Roberta, Hélio Ansaldo, Sílvio Luiz, Anselmo Duarte, Juca Chaves entre outros.

Foi uma tremenda farra. Durante o dia filmávamos no navio e, à noite, tocávamos na boate a bordo.

Em todos os portos desembarcávamos e éramos filmados nos lugares tu-

De dia, filmagens no navio *Princesa Leopoldina*...

...À noite, tocando na boate do navio.

rísticos de cada país e cidade. Como o filme não tinha um roteiro predeterminado, o que tínhamos de fazer era dar as famosas "corridinhas" pelas praças e ao redor de monumentos, tudo meio besteirol, como era a moda na época.

Assim, fomos filmados em Portugal, Espanha, Itália, França e Inglaterra.

Uma das filmagens mais embaraçosas foi na Espanha, numa tourada em Barcelona. Nós tínhamos de ficar espalhados, misturados com o público durante a tourada. Porém, como só havia uma câmera para nos filmar, tínhamos de esperar o sinal do *cameraman*. E foi aí que o bicho pegou! Cada um de nós, com seu respectivo instrumento (contrabaixo, guitarras, sax, baquetas), de repente, tinha de fingir que estava tocando!...

Imagine a cena! Eu, lá no meio dos espanhóis e turistas, pegava meu baixo e começava a tocar e a sorrir ao mesmo tempo! As pessoas, sem saber que estavam me filmando, me olhavam, e acho que pensavam: "Esse cara é louco! E está solto!". Encerrada a filmagem, eu saía de lá, com cara de bunda e vermelho de vergonha. Ah, meu Deus! Tudo pela arte!

Também em Londres uma das filmagens foi muito engraçada. Aproveitamos uma festa típica, com dança e tudo, no monumento ao almirante Nelson, e subimos ao patamar da estátua, onde começamos a dublar, ou seja, a fingir que estávamos tocando. Mas logo apareceu um guarda da Scotland Yard dizendo-nos que não era permitido subir ali. Ficamos respondendo *"No comprendo"*, num bom *portunhol,* enquanto nosso empresário conversava com o guarda em inglês, e a gente foi aproveitando para filmar apressadamente. Não demorou muito para nos retirarem de lá, mas deu para filmar.

Bom, o Brasil perdeu o *tri* na Inglaterra, o navio voltou e o filme foi finalizado. Agora, precisávamos dublá-lo e fazer a trilha sonora. E lá fomos nós para o estúdio do Primo Carbonari, que era destinado a dublagens, e não trilhas sonoras, por isso o som do filme ficou "meia boca", mas era o que tínhamos: um gravador de fita com dois canais só! Imaginem...

Mesmo assim, o filme foi um grande sucesso e alcançou o segundo lugar de bilheteria de 1967!

Além do filme, duas coisas importantíssimas aconteceram nessa viagem.

A primeira, foi a emoção de entrar nas lojas de instrumentos musicais em Londres para comprarmos nossa primeira aparelhagem importada. Parecia um sonho! Aqueles instrumentos todos à mão, coisa que só tínhamos visto por fotos e capas de discos. Rapidamente pedi ao vendedor para experimentar o amplificador de baixo da marca Vox. Enlouqueci com seu timbre, mas, aumentando o volume, notei que distorcia um pouco o som. Foi quando o vendedor me convenceu a experimentar um outro amplificador, da marca Selmer, inglês também, mas com duas caixas potentíssimas, com alto-falantes de 18 polegadas. Quando dei a primeira nota no baixo, as vitrines da loja começaram a tremer e vibrar, de tão forte que era aquele som grave. Foi, sem dúvida, amor à primeira nota.

Além do Selmer, comprei também um baixo Gibson SG, lindo de mor-

Propaganda do filme *Os Incríveis neste mundo louco.* *(ver que no boneco tem o ano: 1967??)*

rer; o Netinho comprou uma bateria Ludwig lindíssima; e o Risonho, uma guitarra Gretch preta e um *amp* Twin Reverb da Fender. O Mingo optou por uma guitarra Fender Stratocaster e um *amp* igual ao do Risonho; Manito, por sua vez, quase enlouqueceu com um órgão da Hammond, mas, infelizmente, sendo inviável transportá-lo devido ao tamanho e peso, teve de se contentar com um italiano, portátil, que tinha sido recém-lançado na Europa, da marca Farfisa, mas que também tinha um som interessante, para a época é claro.

Pronto, estávamos todos "maquinados", e superansiosos para experimentar o som daquilo tudo. E o fizemos no melhor lugar possível: o estúdio da Decca.

A segunda coisa importante da viagem foi a gravação que fizemos no

Nossos novos instrumentos.

estúdio da Decca em Londres, onde, simplesmente, os Rolling Stones gravavam. Imagine a emoção que sentimos ao entrar naquele lugar.

Fomos lá para gravar duas músicas cantadas em inglês, porque nossa gravadora tinha intenção de lançar, na Inglaterra, nosso compacto simples. Uma das músicas era *Heartness*, a outra era a música do Carlos Imperial, que o Simonal gravou e fez um tremendo sucesso no Brasil, *Mamãe passou açúcar em mim* que, em inglês, com a versão feita pelo Mingo, virou *My mammy put sugar on me.*

Colocamos nossos instrumentos no estúdio, e logo veio o técnico - um inglês cabeludo muito simpático - e colocou nossos amplificadores nos devidos lugares. Depois, aproximando-se do Netinho, ele disse: "Coloque sua bateria aqui dentro". Ninguém entendeu nada. O lugar era uma "casinha" feita de madeira, com forração acústica, janelas de vidro, com porta e tudo.

Mas a explicação para isso era muito simples e lógica: com o baterista dentro da "casinha", o som dos outros instrumentos não interfeririam nos microfones usados na bateria e vice-versa, deixando assim o som mais limpo e sem "vazamento", como dizemos na linguagem de estúdio.

Estávamos então em 1966. Acredito que só depois de dois ou três anos os estúdios brasileiros adotaram esta técnica, que, aliás, é usada até hoje.

Apesar da estranheza, o Netinho montou a bateria lá dentro e nós começamos a regular nossos amplificadores. De repente, o técnico se aproximou de novo e pediu, com muita gentileza, para que deixássemos ele mesmo ajustar o som.

"Pô, esse cara só fica inventando", pensei com meus botões, enquanto ele ia para a técnica depois de regular todos os nossos *amps*, deixando um fone de ouvido para cada um de nós.

"Recording!", ouvimos no fone. Gravamos a primeira base da música e logo em seguida a segunda. Quando acabamos, o técnico nos chamou para dentro da Técnica para ouvirmos. Quando ele apertou o *play* e a música começou, quase caímos para trás com o tremendo peso e pureza da gravação! Nunca, em toda minha vida, consegui um som de baixo igual àquele! Aliás, quem conseguiu foi ele, o técnico inglês. Pela primeira vez na vida estáva-

mos gravando em um estúdio de 8 canais, e com a qualidade imbatível das gravações inglesas.

As músicas ficaram pra lá de ótimas, mas não saíram aqui, nem lá na Inglaterra!... E eu daria tudo para ouvir isso de novo... Mas não tenho nem ideia de onde foi parar essa fita... Foi inesquecível!

O PROGRAMA D'OS INCRÍVEIS NA TV

Em 1967, estreamos na TV Excelsior nosso programa *Os Incríveis*. Um sucesso! Tocávamos nossas músicas e acompanhávamos cantores, cantoras e artistas de telenovela. Tudo ao vivo! Quero citar alguns que sempre participavam do nosso programa: Tony Angeli, a japonesa Bubby, Ted Lee, Silvinha, Os Caçulas, Vanusa, e muitos outros convidados. Viajávamos em excursões que começavam na quinta-feira e terminavam no sábado, para podermos estar em São Paulo no domingo – na maioria das vezes sem dormir –, a fim de ensaiar algumas horas antes do programa com os cantores, decorar os textos e, em seguida, entrar no ar. Era uma pauleira!

Mas nos divertíamos muito durante o programa, principalmente com

Nesse cenário apresentamos um *pot-pourri* de músicas com o tema "chuva". Só me lembro da música *Ritmo da Chuva*. *I'm sorry.*

os nossos erros. Lembro-me de uma vez que o Mingo tinha de apresentar o grande ator Carlos Zara, famosíssimo na época. Então, ele pegou o microfone e disse:

— Senhoras e senhores! É com imenso prazer que vamos convidar agora o grande ator de novelas da TV Excelsior, Carlos *Lara!*

Nós quatro caímos na gargalhada, e o auditório também. Enquanto isso, o Zara entrou no palco, levou na esportiva, disfarçou, e ficou tudo bem.

Assim era o nosso programa de televisão: cheio de surpresas, erros, acertos, mas sobretudo com muita espontaneidade, coisa rara hoje!

Nessa época, gravamos *Era Um Garoto Que Como Eu Amava os Beatles e os*

Os Incríveis Acústico, ou *Unpluged*.
Essa era a *Sessão Palheta*, em que tocávamos músicas regionais, chorinhos etc.

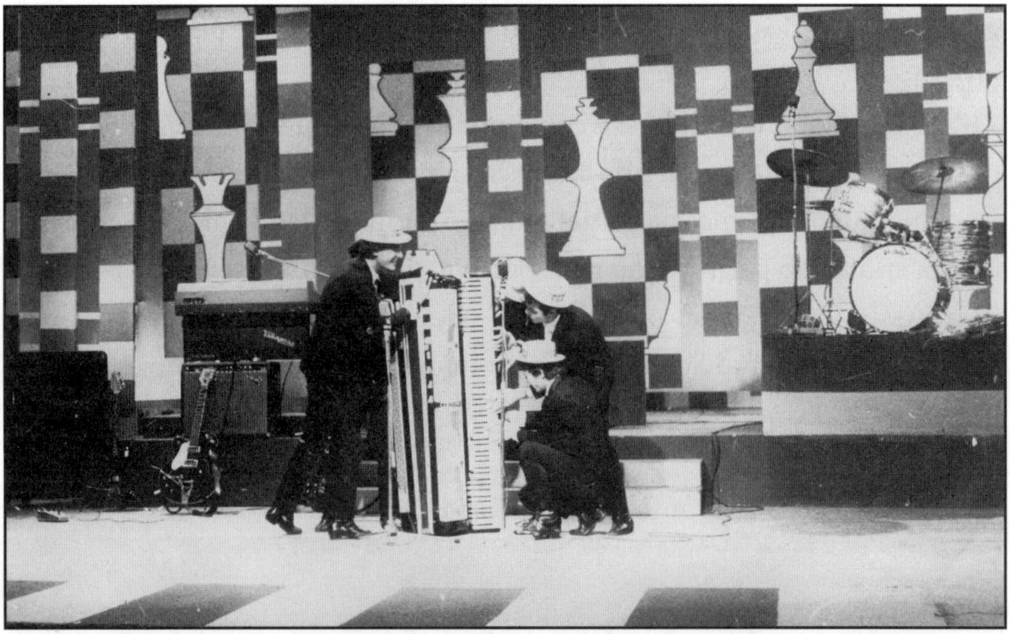

Os Incríveis e a maior harmônica do mundo.

Rolling Stones, um tremendo sucesso no Brasil inteiro – *inteiro mesmo*, porque, quando fomos pela primeira vez a Recife, o aeroporto estava lotado de gente, e eu nem imaginava que aquele povo todo (mais mulheres do que homens) estava nos esperando. Quando descemos do avião, foi aquela gritaria toda! As meninas, enlouquecidas, queriam autógrafos, beijos, e outras *cositas mas*.

Abrindo um parêntese aqui: Uma frase que cansei de ouvir foi "Vocês comeram muita gente, hein?". Ouvi tanto essa frase que daria até para mudar o nome de Os Incríveis para Os Canibais...

Outra frase que me encheu o saco foi "Vocês é que vivem, hein? Ficam lá em cima do palco tocando, comendo as menininhas, se divertindo, ganhando a maior grana!...". Mal sabiam esses caras que diziam isso que a nossa vida era uma tremenda correria. Durante a semana, quando estávamos em São Paulo, fazíamos vários programas de televisão, concedíamos entrevistas para a imprensa... E, nos finais de semana, viajávamos de Norte a Sul do país. Muitas e muitas vezes chegávamos a uma determinada cidade às 8 horas da noite, fazíamos um show no cinema, e depois tocávamos em baile das 11 às 4 horas da madrugada! E os caras dizendo que a gente ganhava dinheiro *no mole!...*

Mas, apesar do *enduro*, era muito gratificante!

Sempre fomos muito queridos do público e sempre recebidos com muito carinho e respeito. O sucesso tem esse lado bom... Sobre o outro lado, eu escrevo depois...

CARAGUATATUBA E O REI

Estávamos na TV Excelsior, Canal 9 de São Paulo, em 1967, quando aconteceu, em razão de fortes chuvas, inundação e desabamentos em Caraguatatuba, litoral norte de São Paulo, deixando a cidade em estado de calamidade pública. Imediatamente a direção da TV organizou uma campanha para ajudar os flagelados da enchente, e nos convidou (aos *Incríveis)* para comandar o evento.

Foram montados em frente à emissora um cenário, simbolizando um pedágio, e um palco, onde nos apresentávamos junto com vários outros artistas, numa maratona que durou 24 horas seguidas. Dentro da programação normal da televisão, a toda hora eram dados *"takes"* ao vivo da campanha, mostrando o movimento intenso de automóveis passando pelo pedágio e das pessoas deixando sua colaboração em troca de autógrafos e beijos de todos os artistas presentes, inclusive nós, que não arredamos pé durante a campanha toda. Foi uma loucura muito gratificante!

O governador de São Paulo na época, Abreu Sodré, foi até a emissora agradecer, ao vivo, a todos que participaram, e particularmente a nós, *Os Incríveis*, pelo sucesso da campanha.

Alguns dias depois, recebemos um convite do Governador para que nos apresentássemos no Palácio do Governo para o Rei Olav V, da Noruega, que estava em visita ao Brasil. Ficamos lisonjeados com o convite, é claro. Afinal, nunca tínhamos tocado para um rei antes. Senti-me vivendo na Idade Média.

Quando chegou o grande dia, à tarde fomos para o Palácio do Governo "passar o som", verificar o palco, etc. Quando entramos, nos deparamos com aqueles salões enormes e finamente decorados, com piso de mármore, tudo muito lindo, mas, acusticamente falando, muito difícil de sonorizar. Mesmo assim, ajustamos nosso som da melhor maneira possível.

Fomos para casa nos aprontar para a grande noite de gala, e ficou combinado que cada um de nós iria com seu próprio carro, porque havíamos recebido credenciais para podermos entrar no Palácio.

Em casa, tomei meu banho, penteei meu cabelo, me perfumei e coloquei aquele *smoking* para noites especiais e, devo confessar, fiquei *lindão!* Pelo menos foi o que minha mãe disse, que eu estava parecendo um príncipe que ia tocar para o Rei – coisas de mãe, é claro. Na verdade, eu estava me sentindo como uma debutante que vai para o seu primeiro baile; muita frescura para o meu gosto.

Cheguei ao Palácio na hora marcada. Manito, Mingo e Risonho já estavam lá, mas, cadê o Netinho? Passou meia hora e nada... Começamos a nos preocupar com aquela demora, pois ele não costumava se atrasar. De repente apareceu alguém dizendo que o Netinho tinha "abraçado" um poste de iluminação com seu carro a caminho do Palácio, mas que ele estava bem, só tinha machucado um pouco o nariz. Ficamos assustados e apreensivos com a notícia, mas a única coisa que podíamos fazer era esperar o Netinho voltar do hospital.

Ele chegou com um esparadrapo no nariz, um pouco inchado por sinal, mas cheio de disposição para tocar. E foi o que fizemos. Subimos ao palco, o governador Abreu Sodré nos apresentou, fizemos o show e, apesar do mal-estar pelo ocorrido, o Rei Olav adorou!

Foi muito interessante conhecer esse lado da nobreza, mas muito mais emocionante mesmo era tocar para o povo, em lugares grandes, como, por exemplo, em Recife, na inauguração do Ginásio de Esportes Geraldão. Antes do show, fizemos um jogo amistoso de futebol de salão, e, logo depois, subimos ao palco e tocamos para nem sei quantas mil pessoas. Aquilo, sim, foi emoção!

1968

1968 chegou e, com ele, também chegaram muitas mudanças.

Saímos da TV Excelsior (canal 9) e fomos para a TV Tupi (canal 4) com o nosso programa, no mesmo esquema do anterior.

Nessa foto, estou com um Baixo Begher da fábrica de meu irmão Romeu, na TV TUPY tocando músicas mexicanas, claro!

Nessa época, nosso *manager* teve uma ideia rara. Durante uma reunião ele disse:

— Precisamos de alguma coisa diferente, uma jogada de marketing. E eu tenho uma ideia... Rapazes, a partir de agora vocês vão se vestir só de vermelho!

— Quê?!! Você tá louco?! Eu não acredito!... Pô, mas que ridículo! Nós, de vermelho?! Pelo amor de Deus!! Essa, não!... - respondemos em uníssono.

Ele nem deu ouvidos às nossas respostas, e continuou:

— E tem mais! Vocês vão ter de pintar os respectivos automóveis de vermelho também!

— Porra! Isso é demais! Até meu carro! Eu não acredito... Isso é loucura! - respondemos.

Mas ele prosseguiu:

— E o *slogan* vai ser "Por que não vermelho?". Vocês vão usar calças, camisas, cuecas, botas vermelhas! Mas, atenção: não será só quando forem tocar; vocês terão de usar vermelho no dia-a-dia, senão perde o impacto. A coisa toda tem de ser chocante!

Os Incríveis vermelhos.

Na verdade, nada poderia ser mais chocante que isso. Os Incríveis hemorrágicos, ou, em inglês, *The Men Struados!*

E lá fomos nós reformar o guarda-roupa. Encomendamos a confecção de botas e uniformes vermelhos e saímos à procura de camisas, cuecas, meias e acessórios vermelhos.

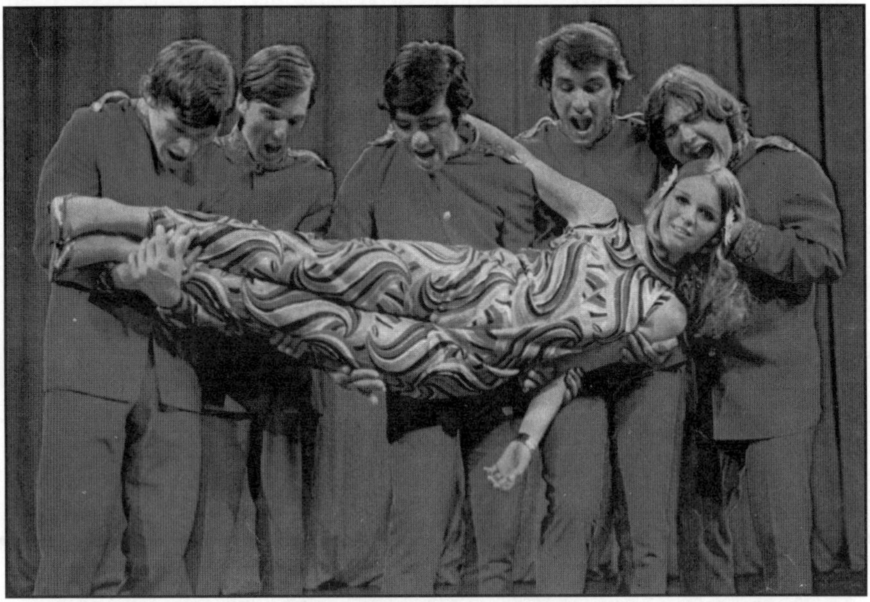

The Red Dogs e a cantora Silvinha.

A segunda parte foi mais difícil, porque tivemos de mandar pintar nossos carros também. Eu tinha um Simca Tufão bege e um Jaguar conversível XK 1952 original, lindo, mas marrom, mas, enfim, mandei pintar os dois.

Lembro-me de que gastei uma grana nessa brincadeira... E estraguei a originalidade do Jaguar! Burradas do passado...

Mas a ideia funcionou mesmo. A imprensa e todas as pessoas se chocavam com isso. E sempre vinha a mesma pergunta:

— Mas, por que vermelho?

E sempre a mesma resposta:

— E por que não vermelho?

Só sei que, depois de dois meses, não podia nem ver tomate ou qualquer outra coisa vermelha que ficava vermelho... de raiva.

NO OUTRO LADO DO MUNDO

Mas a fase do vermelho ainda durou alguns meses. Nesse meio-tempo, apareceu uma notícia inusitada: Os Incríveis no Japão! Até me deu um branco:

— Nós vamos pro outro lado do mundo?!

Língua estranha, cultura diferente, mulheres nem tanto (aquela história do corrimão é falsa), comida esquisita, fuso horário - que deveria se chamar *con-fuso horário* –, mais de trinta horas de voo (na época), com escalas em Nova York, Los Angeles, Honolulu e, finalmente, Tóquio...

Até 1968, pouquíssimos artistas brasileiros tinham ido ao Japão, de modo que os japoneses de lá só conheciam a música *Mas Que Nada* do Jorge Ben (depois Benjor) e o Pelé.

A comunicação no começo foi difícil, porque tive de aprender o *ingorês* (inglês pronunciado por japonês). Por exemplo:

boredo = *bread* = pão; *fast fróo* = *first floor* = primeiro andar; e assim por diante.

Era só pegar o jeitão e falar algumas palavras ou frases em japonês - como *Watakushi wa buragirogin* = Eu sou brasileiro - que os japoneses nos tratavam com muito carinho. Aliás, acho os japoneses o povo mais educado do mundo; eu os adoro.

Tocamos em Tóquio, numa boate muito fina, onde só ia gente com grana e, para nossa sorte, a casa fechava mais cedo, o que nos dava a chance de sair e curtir a noite.

Nós, com duas cantoras japonesas. Bonitinhas né?

Cinema especializado em filmes de sacanagem. Osaka *nagem*...

Numa dessas noites, encontramos uma boate chamada *Tokyo A-Go-Go* e entramos rapidinho, porque ouvimos uma banda tocando ao vivo. Era um grupo coreano tocando superbem, e de tudo um pouco: *rock, soul* e até *funk*. No intervalo, fomos conversar com eles, e dissemos que éramos do Brasil, blablablá. Eles nos pediram para *dar uma canja*. Tocamos bossa nova e samba, e o povo que estava ali gostou; algumas japinhas gostaram mais ainda...

Nessa noite conheci Michele (sob a música romântica). Era uma japonesinha interessante, que pelo menos falava inglês. Assim, pudemos conversar, dar uns beijinhos, uns amassinhos, e ela me convidou para ir à casa dela, um apertamento (com "e" mesmo) em algum lugar de Tóquio... Eu não tinha a menor ideia de onde estava, mas, com 21 anos, cheio de tesão, sem mulher há um tempão, você não pensa em nada não.

Continuamos o papo, e ela me disse que seu nome verdadeiro era Michô, o que me fez pensar que ela e todas as bichas do mundo têm esse fetiche de ser francesa. Que merda! Era Michele, virou Michô! Mas, mesmo assim meu herói não brochou. Ela era muito carinhosa, simpática e fogosa.

Começou a ficar tarde, pedi a ela para chamar um táxi, me despedi e lá fui eu para o Tokyo Grand Hotel, feliz da vida. Até pensei: "Quem diria, hein? O Nenê da Vila Pompeia aqui, no outro lado do mundo, faturando uma japonesinha! Eu sou demais!!!".

Passaram-se três ou quatro dias e... Surpresa!!!

Eu tinha pegado uma gonorreia! E foi ela quem me passou, é claro! No começo, até achei interessante, pois não era uma gonorreia comum, mas internacional! Mas, logo depois fiquei muito puto e fui até a boate Tokyo A-Go-Go-*norreia,* dei-lhe uma bronca e disse pra ir procurar um médico.

Foi uma lição para mim. Trepou com Michele, "mixou": "Mi gonorréa volvió" (acho que tinha um tango com essa letra).

Fui a um médico japonês, que me aplicou algumas injeções e me encheu de remédios. E elas nunca mais voltaram – a gonorreia e a Michô.

E esta historinha acabou.

Ficamos quinze dias em Tóquio. Nesse ínterim, o Risonho ficou muito mal de saúde e foi parar num hospital. Ninguém conseguia descobrir o que ele tinha, não conseguia comer nada. Viveu à base de soro, branco feito um lençol. Ficamos preocupadíssimos, porque tínhamos de viajar para o Norte do Japão, mais precisamente para Hokkaido. Os médicos japoneses nos tranquilizaram e disseram que poderíamos viajar, porque o Risonho, depois de alguns dias de repouso, ficaria bem e logo se juntaria a nós.

E lá fomos nós para Hasahikawa, cidade muito bonita, e, pra melhorar, um detalhe: estava nevando. Foi a primeira vez que vi neve. E nem é preciso dizer que, quando descemos do carro que nos levou até o hotel, fizemos uma patética guerra com ela. Parecíamos crianças.

Éramos agora só quatro e tínhamos de tocar na principal boate da cidade. É claro que não era a mesma banda, pois, na falta de um integrante, ela fica meio manca. Mas, mesmo assim, encaramos o desafio.

Uma curiosidade com relação ao nosso repertório: abríamos os shows com *La Cumparsita,* pois nos haviam dito que os japoneses adoravam tango! Imaginem só! Se fosse no Brasil, seríamos "*ovocionados*", mas, lá, éramos aplaudidos e ganhávamos o público na primeira música! Depois, apresentávamos um repertório internacional, tocando um pouco de tudo.

Numa dessas noites, estávamos meio deprimidos, preocupados com o Risonho que ainda estava em Tóquio, e tocávamos por tocar, sem tesão nenhum. Começamos a música *Pata Pata,* da Miriam Makeba, que era um grande sucesso mundial na época. Se você se lembra, no meio da música há uma parte declamada que diz:

– *Pata Pata is the name of the dance...,* etc. etc.

Era eu quem cantava essa música, mas, antes de tocar naquela noite, já tinha bebido muito saquê e muita cerveja (combinação fatal) e, na hora da declamação, não sei por que comecei a falar:

– *Pata Pata é a puta que o pariu. Isto aqui tá uma merda...* – e por aí afora.

O pessoal do conjunto, ao ouvir aquilo, começou a rir. O Netinho quase caiu da bateria de tanto rir. E o público, não entendendo absolutamente nada, morria de rir também. Apesar da baixaria, o astral de todos foi lá pra cima, e tudo foi muito divertido.

Finalmente o Risonho chegou muito bem disposto, nós nos tranquilizamos, e tudo voltou ao normal. Juntos, tivemos a ideia de incluir nos shows as duas músicas de maior sucesso no Japão: *Kokoro-no-niji* e *I Love You Tokyo.* Acertamos na mosca, os japoneses nem acreditavam que um grupo brasileiro pudesse cantar em japonês.

Risonho e eu na neve do Japão.

Tempos depois, gravamos essas músicas aqui no Brasil, e foram um tremendo sucesso também, principalmente na colônia japonesa, e por incrível que pareça, nos nossos shows até os brasileiros cantavam conosco em japonês.

A comunicação telefônica com o Brasil naquela época era muito difícil. Para você ter uma ideia, uma ligação telefônica demorava às vezes seis horas!

Por causa disso, no Brasil começaram os boatos de que não estávamos no Japão, mas sim escondidos numa fazenda no Paraná! Quando soubemos disso, mandamos algumas fotos para provar que estávamos mesmo lá.

Esta foto não foi tirada no bairro da Liberdade em São Paulo, mas no Japão.

Ainda no Norte do Japão, tocamos em duas outras cidades, Otaru e Sapporo, apresentando-nos em shows, em boates, e em alguns programas de televisão.

Voltamos para Tóquio, onde ficamos mais quinze ou vinte dias, morrendo de saudades do Brasil. E finalmente regressamos. Foi, sem dúvida, uma grande aventura, e um tremendo barato.

Outdoor no Japão.

Eu, Risonho e Roberto Carlos no Hotel Excelsior, no Rio de Janeiro, logo depois da nossa volta do Japão.

Troféu Roquete Pinto 1968 — Nós, de quimonos.

Aproveitando a foto, vou citar alguns prêmios e troféus que recebemos até aquele ano:

Chico Viola – 1966;
Os Melhores do Ano – 1966 (Rio de Janeiro);
Roquete Pinto – 1967;
Os Melhores do Ano – 1967 (Rio de Janeiro);
Os Melhores do Disco – 1967 (Rio de Janeiro);
Disco de Ouro – RCA – 1967;
Os Melhores do Ano – 1968 (Rio de Janeiro);
Os Melhores do Disco – 1968 (Rio de Janeiro);
Disco de Ouro – RCA – 1968;
Prêmio Governador do Estado SP – 1968.

1969

Apesar de 1969 sugerir uma boa ideia, a meu ver não foi tão bom assim. Talvez eu não estivesse bem. E não estava!

O conjunto continuava superbem, com a agenda praticamente lotada, embora tenhamos nos separado do nosso *manager*. Agora, o destino da banda estava em nossas mãos. Tínhamos de decidir tudo sozinhos, mas eu, particularmente, sempre achei que um artista tem de ter sempre alguém "de fora" que o oriente e cuide dos negócios; enfim, "cada macaco no seu galho". Um artista deve se preocupar somente com o público, e não com a conta bancária, contratos etc. Mas foi assim que rolou.

Estávamos começando a nos sobrecarregar de trabalho. Muitos shows e bailes no Brasil inteiro!

Sucesso, sucesso, sucesso... Esta palavra ressoava em minha cabeça, e eu comecei a questioná-la. Eu gostava do sucesso, mas não queria ser escravo dele. Mas, infelizmente, quando você está envolvido nesse processo, a correnteza o empurra, mesmo que você não queira.

Na época, a filosofia *hippie* já estava por aí, martelando muitas cabeças, o mundo mudando muito rápido, os conceitos, as regras, os tabus, os valores, a sociedade... Tudo estava muito confuso. Aliás, "o novo" sempre traz consigo um pouco de caos, mas depois as coisas sempre se assentam. Acredito que as mudanças são fundamentais.

Eu também estava confuso e, por causa disso, mergulhei nos livros. Li muitos e muitos livros de psicologia – Freud, Jung, Reich –, de filosofia, passando para Krishnamurti, Herman Hesse, e outros autores cujos nomes não me vêm à memória agora. Do que me lembro é que minha cabeça estava a mil por hora, caótica, confusa... Eu estava começando a crescer. Para mim, foi um período difícil internamente, mas, com a ajuda das anfetaminas e do velho uísque, não deixei transparecer nada disso ao público.

Foi nesse ano que montamos uma boate em Camboriú, maravilhosa cidade turística de Santa Catarina. Só que não pudemos colocar o nome de "boate", porque os pais não permitiriam que seus filhos frequentassem o local. Que loucura isso, não? Mas estou só reproduzindo o retrato da época. Por isso, resolvemos "batizar" a boate com o nome de "Salão de Festas dOs Incríveis". Aí acabou o problema, e foi um sucesso!

Era um lugar espaçoso, e resolvemos a iluminação com "luz negra" (que, na época, eu já achava uma merda), luzes rítmicas e outras maravilhas da tecnologia moderna. Fazíamos shows na nossa boate, desculpe, no Salão de Festas quando podíamos, pois tínhamos compromissos em outros Estados. Mas, na nossa ausência, contratávamos vários artistas do Rio de Janeiro e de São Paulo para lá se apresentarem.

O texto do panfleto era ótimo...

Depois de alguns meses, "desmontamos o circo" e voltamos para São Paulo, mas foi muito legal.

Ah, imagino que o(a) leitor(a) estava esperando ler algo interessante ou pitoresco. Por isso vou lhe contar uma historinha picante.

Foi numa noite, antes de fecharmos nossa boate em Camboriú. Tínhamos acabado de fazer nosso show, e as pessoas ainda circulavam por lá. De repente, apareceu à minha frente uma loirinha linda, cabelos compridos, olhos verdes, e toda de branco. Ela era linda! Ainda me lembro como se fosse hoje.

Começamos a conversar... Papo vai, papo vem, eu a convidei para dançar. Dançamos agarradinhos e até trocamos uns beijinhos, e que lábios macios e quentes ela tinha. Perguntei se ela queria sair dali, dar uma volta de carro, e ela topou. Fui correndo pedir um carro emprestado, e lá fomos nós parar numa praia deserta.

Era madrugada. Descemos do carro e começamos a nos abraçar e beijar, agora com muito mais intensidade e paixão. Comecei a tirar sua roupa devagar, enquanto ela desabotoava minha camisa, até ficarmos totalmente nus. Suavemente nos deitamos na areia, apesar de nossa respiração ofegante e nossos corpos trêmulos de emoção. A luz do luar embelezava ainda mais o corpo escultural da linda loirinha que eu abraçava e beijava.

Por um momento, o mundo parou! Minhas mãos acariciaram aquelas coxas grossas e roliças, e senti que seus pelinhos loiros se eriçavam ao meu toque. Oh! Que paraíso aquele corpo de menina-mulher guardava!...

De repente, John Lennon apareceu na praia e disse: "O sonho acabou". E eu acordei.

Atenção: esta é uma história de *fricção,* ou melhor, de ficção!

Bye bye 69 – em inglês até rimou!

1970

Logo no começo de 1970, nós (Os Incríveis) resolvemos tirar umas férias (coisa rara isso, mas acho que Deus ouviu minhas preces).

Reservamos 20 ou 30 dias para ir à Europa, mais precisamente a Londres, por dois motivos: fomos principalmente para comprar amplificadores da marca *Marshal* que tinham acabado de ser lançados e estavam revolucionando a Europa e os Estados Unidos, e também, aproveitando a viagem, para pesquisar o "som" que estava rolando por lá, a fim de completar nosso próximo LP.

Um pouco antes dessa época, Os Incríveis já estavam com uma imagem diferente, mais condizente com a realidade do mundo, ou seja, estilo meio *hippie,* cabelos bem compridos, calças boca-de-sino, roupas com cores berrantes, solas altas nos sapatos e botas. O mundo estava mais colorido, mais alegre.

De alguma forma, essa maneira de se vestir, que alguns até podiam achar ridícula, era sem dúvida uma expressão de criatividade e de individualidade, a meu ver muito mais bonita que hoje, em que tudo se resume a jeans, camiseta e tênis – muito simples, muito prático, mas muito igual.

Mas não entendo e nem gosto de moda. Nem sei por que escrevi isso... Deixa quieto.

Visual "anos 70".

A filosofia *hippie* me fascinava em muitos aspectos, mas minha realidade naquele momento era outra. Mesmo assim, lá dentro de mim, batia uma vontade forte de largar tudo – fama, grana, sucesso – para viver numa comunidade onde a burguesia e as regras da sociedade não tivessem voz nem vez, e onde certamente as pessoas vivessem mais livres, felizes e harmoniosas, com muita paz e amor. Várias vezes balancei, mas a roda-viva rodava, e o sucesso também.

Embarcando para Londres.

Fomos para Londres e, na Rose Morris, representante da *Marshal,* nos deslumbramos com aqueles amplificadores enormes, de dois andares, ou seja, duas caixas. Compramos quatro amplificadores que mais pareciam guarda-roupas de 200 watts cada um.

Assistimos ao filme *Let it be,* dos Beatles, fomos a shows do Santana e Eric Clapton, e compramos muitos discos para nossa pesquisa...

Nada melhor que uma viagem internacional pra gente se reciclar. Sempre voltamos com a cabeça mais aberta e com novidades. Renovar ou morrer.

RENOVANDO

Logo que regressamos, a RCA Victor, nossa gravadora, já nos pressionou para entrarmos no estúdio e começar a gravar.

Gostaria de fazer um parêntese aqui, para explicar a diferença entre os dias de hoje e aquela época. Hoje, um artista que vende muitos discos tem pelo menos dois a três meses para preparar seu CD. Mas, em nossa época, a coisa toda tinha de ser muito rápida. Gravávamos um LP num prazo de quinze a vinte dias!!

Para você, leitor(a), ter uma ideia, certo dia de 1969 estávamos no estúdio, quando o Jorge Ben (hoje Benjor) veio mostrar pra gente o *Vendedor de Bananas*. Ouvimos, gostamos, e ele a gravou, ali mesmo com seu violão, para depois fazermos o arranjo e tudo mais! Tinha de ser tudo muito rápido.

Na época, música era mais raça do que técnica; era mais criação do que invenção; mais alma do que tecnologia.

UFANISMO?

Nosso LP estava ficando muito bom, com vários estilos de música, algumas com orquestra e arranjos lindíssimos do maestro Daniel Salinas, que trabalhava com a gente já há alguns anos. Mas estava faltando uma música.

— Meu Deus, pra quem vamos pedir mais músicas?

Até que o Dom e o Ravel apareceram no estúdio, e lhes perguntamos se tinham alguma.

— Olha, pessoal, eu tenho um iê-iê-iê aqui, mas não sei se vocês vão gostar – o Dom respondeu.

E começou a tocar *Eu Te Amo Meu Brasil.* Logo no primeiro verso e refrão achamos a música fraquinha harmonicamente, se comparada com as outras do disco. Foi então que o Netinho teve uma grande ideia: fazer com que aquele iê-iê-iê virasse uma marcha de fanfarra de escola. A ideia agradou todos nós e, num clima de total descontração, até com nosso motorista tocando bumbo, gravamos a terceira faixa do lado B do nosso LP.

Explicando: não sei por que razão, mas as duas primeiras faixas do lado B eram mais ouvidas. Da terceira faixa em diante, os disc-jóqueis, depois de terem ouvido o lado A inteiro, passavam meio batido.

Estávamos "escondendo" a música que viria a ser o primeiro lugar nas paradas de sucesso no Brasil inteiro. Nunca poderíamos imaginar que, no meio de tantas músicas elaboradas e arranjadas com tanto esmero, justo a mais "fraquinha" viria a ser o grande sucesso. Mistérios do acaso.

E aí começou o buchicho todo. A gravadora mandou fazer adesivos para colocar em automóveis com a nossa foto e a frase "Eu te amo meu Brasil". As escolas primárias de todo o Brasil adotaram a música e fizeram com que as crianças a cantassem como se fosse um hino. Até o presidente Médici e os militares, muito espertos, aproveitaram a música para tocá-la logo após o Hino Nacional na descida da rampa do Palácio do Governo em Brasília.

A merda estava feita, mas só começando a feder...

Para complicar ainda mais, uma agência de publicidade nos contratou para gravar o *Hino Nacional* e o *Hino à Independência,* que seriam lançados em compacto simples, juntamente com um sabão em pó chamado *Rinso.*

Capa do disco

A ideia era nova, a grana razoável, mas não tínhamos a mínima noção da encrenca em que estávamos nos metendo. Lembro-me de que a gravação foi feita às pressas – como tudo que é feito em publicidade – e, sinceramente, achei ridículo ouvir esses dois hinos gravados com guitarras, baixo, bateria e teclado, em vez da banda tradicional completa. Não havia nem comparação. Nossa gravação ficou fraca, sem peso, e recordo-me que tive de completar com meu baixo as frases escritas para o baixo-tuba no hino original. Na minha opinião, ficou muito ruim, mas "estranhamente" o governo militar, todo cheio de regras e censuras, deixou um grupo *pop* gravar esses hinos, coisa que, até então, era proibida por lei. Estranho né? Muito estranho!

A partir daí, a situação começou a ficar preta para o nosso lado. A imprensa caiu matando em cima da gente, dizendo que éramos puxa-sacos do governo, que, por trás de tudo isso, tínhamos feito conchavos com os militares, e por aí afora... De nada adiantaram nossas negativas nem explicações de que a letra de *Eu Te Amo Meu Brasil* se referia à beleza das praias, das mulheres e do Brasil, e que nessa letra não existia nenhum conteúdo político ou alguma alusão ao governo militar.

Isso tudo me aborreceu profundamente. Justo comigo, que nunca gostei de política nem de políticos!

E nós, que só estávamos preocupados com nossa carreira e as mudanças musicais da época, tivemos de engolir um monte de asneiras e inverdades. E, mesmo diante de todas as tentativas para esclarecer e nos defender, a imprensa deu uma "gelada" na gente.

Mas, apesar de tudo, nossa agenda ficou mais cheia ainda. Onde quer que fôssemos o público cantava com a gente a letra inteirinha da música, declarando amor ao Brasil. Foi um sucesso e uma grande festa! Alguns da esquerda festiva foram preconceituosos, mas o povo entendeu. E até ganhamos o troféu *Chico Viola* com essa música!

ISSO É INCRÍVEL!

O FIM DO GRUPO
1971 A 1972

Eu, Mingo, Aroldo, Manito, Netinho e minha amada Yamaha 650cc.

O conjunto continuava a mil por hora, com a agenda cheia, quando o Risonho, infelizmente, teve problemas de saúde e acabou sendo, por causa disso, substituído por Aroldo, nosso velho conhecido e amigo guitarrista. Não houve problema de adaptação, porque ele já conhecia nosso repertório e, além de tocar, cantava muito bem. No começo, o público estranhou, mas com o tempo se acostumou.

O *rock* já estava mais pesado, mais agressivo, e nós também entramos na onda. Lembro-me de que, nessa época, era difícil agradar a todos quando a gente se apresentava em bailes. Se tocávamos músicas lentas para dançar, a moçada reclamava e pedia *rock* "pauleira"; quando tocávamos rock, os mais velhos pediam para "parar com a barulheira" e tocar músicas para dançar. Era um saco! Precisávamos tocar de tudo.

Estreamos na TV Record de São Paulo um novo programa, mais descontraído e, em vez de uniformes e terninhos, usávamos as mais loucas roupas *hippies* e cabelos muito compridos. O programa foi um barato, e nos divertimos muito.

Nessa época, o LSD rolava solto no mundo inteiro, a coisa toda estava mais pesada - o *rock* e as drogas. Eu particularmente não tive coragem de experimentar o famoso ácido lisérgico porque sempre tive medo de drogas que fugissem do meu controle. Não sei se você sabe, mas a "viagem" pode ser muito boa ou muito ruim. Não quis arriscar, preferi continuar com as anfetaminas, até o dia em que fui a um neurologista, que me pediu um eletroencefalograma. Foi um desastre! Quando o médico viu o exame, me receitou vários calmantes e me intimou a parar imediatamente com as anfetaminas, e eu tive de obedecer, senão "piraria". Tirei de vez as anfetaminas da minha vida!

O mundo mudava rápido, principalmente as tendências musicais, e dentro do nosso grupo as cabeças mudavam também. Afinal, ninguém é igual para todo o sempre. E assim começaram as divergências entre nós com relação às preferências musicais.

Por exemplo, eu estava numa fase em que apreciava demais *soul* e *funk music* dos negros norte-americanos, tanto que gravamos músicas de James Brown e Wilson Picket por causa da minha insistência. O Mingo, por sua vez, adorava cantar músicas mais calmas e românticas. O Risonho, de músicas melodiosas, o que, aliás, ele fazia muito bem, como na música *O Milionário.* Já o Aroldo, que estava conosco nessa época, tendia mais para o estilo de Santana, Procol Harum, e tocava uma guitarra mais pesada. O Manito estava tocando mais teclado do que saxofone, porque a onda do momento era o *rock* sinfônico, ou seja, Yes, Emerson, Lake and Palmer etc. O Netinho gostava mais do *rock* inglês pesado, que tinha tudo a ver com ele, o som que conseguia tirar da sua bateria era incrivelmente pesado.

Pronto! Estava feita a incrível salada musical! Se você, amigo(a) leitor(a), ouvir nossos discos, com certeza vai encontrar essa mistura, porque Os Incríveis nunca tiveram uma determinada linha ou estilo musical, e talvez tenha sido exatamente este o motivo do nosso sucesso, porque agradava gregos e troianos.

Apesar da grande amizade que havia entre nós, as preferências musicais falavam mais alto, e começou a pintar um clima meio estranho na banda. O motivo era simples, as divergências musicais, mas difícil de contornar. Antes que a coisa piorasse para todos, resolvemos marcar uma reunião tipo "hora da verdade". Seria numa tarde de um dia de semana, no nosso escritório, quando iríamos discutir e resolver o destino do grupo.

Chegamos todos no horário combinado, e dava para ver e sentir o nervosismo estampado em cada um de nós. Sentamo-nos todos à mesa de reuniões, e pintou aquele silêncio típico de reunião de assuntos delicados. A discussão começou leve, e cada um expôs suas ideias da maneira que quis, mas, infelizmente, ideias muito divergentes entre si, o que já era previsível. Antes que os ânimos se exaltassem, nosso empresário Fernando Rocha, percebendo que não haveria acerto, sugeriu que, pelo menos, cumpríssemos os bailes e shows já marcados. E foi o que fizemos.

Saí daquela reunião muito triste, afinal, o grupo ainda fazia um grande sucesso, mas, por outro lado, senti-me aliviado, porque do jeito que estava não dava mesmo para continuar.

Na verdade, tenho uma opinião sobre o que é uma banda musical. É como se fosse um casamento entre cinco homens, que tocam juntos, viajam, dormem, comem... Ou seja, convivem a maior parte do tempo de suas vidas juntos. Agora, pense: se com uma pessoa do sexo oposto já é difícil um relacionamento, imagine com cinco do mesmo sexo, sem sexo! É realmente muito raro uma banda permanecer para sempre, pelo simples fato de que as pessoas mudam.

É, leitor(a) amigo(a), estava acabando aquele sonho maravilhoso. O sucesso, a fama, os palcos, as viagens, os autógrafos, os discos de ouro, os troféus, enfim, toda aquela jornada nessas duas décadas mágicas, quando aconteceram as mais importantes transformações!

Agradeço muito a Deus pela oportunidade de ter participado, junto com Manito, Netinho, Risonho e Mingo, dessa banda, que foi uma das mais populares e importantes deste país, e quero deixar aqui registrada minha gratidão a eles, que foram meus companheiros, e que são e sempre serão meus grandes e inesquecíveis amigos.

Cada um de nós (dOs Incríveis) tomou seu rumo na vida, mas estou certo de que, dentro de cada um, ficou uma eterna gratidão ao público que sempre nos prestigiou, nos acarinhou com seus aplausos, e tenho certeza de que hoje, tanto o público quanto nós, temos um sentimento e uma palavra em comum na memória: SAUDADE!

Recebendo o quinto e último troféu *Roquete Pinto* como Melhor Grupo do ano de 1971.

FIM

SALA DE REUNIÃO DA EDITORA

PERSONAGENS: Dois editores e o autor

Ed. 1 — Você está louco, Nenê? Agora que o livro está ficando interessante, você quer pôr um fim? Os leitores vão ficar curiosos com o que aconteceu depois do sucesso, com o depois...

Ed. 2 — É isso mesmo! E você tem de escrever mais, porque o livro está muito curto... E quer saber? De tão pequeno que está, nem vai aparecer na prateleira das livrarias!...

Ed. 1 — Pare de ser preguiçoso! Nós sabemos que você tem muito mais histórias pra contar...

Autor — Não é preguiça, não! É que o título do livro vai até os anos 70, e minhas histórias passam dessa década, vai pegar mal...

Ed. 1 — Vai nada! Ninguém vai se lembrar do título a essa altura do campeonato...

Autor — Pô! Eu nunca fui escritor na minha vida, e logo no primeiro livro vocês ficam me pressionando desse jeito?!...

Ed. 2 — Pare de ser teimoso, Nenê! Sabemos do que estamos falando. Escreva o que aconteceu depois. O DEPOIS, Nenê!

PARTE II

O DEPOIS

APRENDENDO A VIVER SEM O SUCESSO

No começo, até estranhava a maneira como as pessoas me tratavam. Antes, era como se eu fosse muito especial; agora, eu era um simples mortal. Para mim foi difícil aceitar isso tudo. As decepções, o sumiço de vários "amigos"... Mas tive de me acostumar.

Não é à toa que muitos artistas nessa fase começam a se drogar ou beber muito, porque a desilusão é muito grande.

Rudyard Kipling estava certo quando falou sobre o sucesso e o fracasso: são dois impostores.

O sucesso deixa você eufórico, nas nuvens, se achando muito importante, diferente dos outros, e se sentindo um pouco superior até, eu diria. Mas, mesmo em pleno sucesso, bem lá no fundo, você sabe que não é nada disso, que é tudo uma grande ilusão.

Até um *superstar* pode tentar esconder esse fato por trás da armadura do seu ego, mas, com certeza, conhece bem suas limitações e fraquezas.

O sucesso traz consigo a fama, a grana, o inchaço do ego, mas traz também a falta de privacidade, muito trabalho, exagerado até, pouquíssimo lazer e, principalmente, a solidão.

Lutei muito para conseguir o sucesso, e quando *estava* nele me perguntava se era isso o que queria, e muitas vezes respondi "não". Hoje tenho consciência de que prefiro *SER bem-sucedido* no meu trabalho e reconhecido por ele.

O fracasso, então, é uma outra ilusão, logicamente ligada ao sucesso. Ou você tem um ou outro; são dois extremos, duas mentiras. Buda sempre falava do "caminho do meio", do equilíbrio.

O fracasso não me pegou tão desprevenido, graças às minhas leituras de vários livros de filosofia oriental. Na minha opinião, fracassado é aquele que deixa de fazer, de amar, e principalmente deixa de sonhar. O verdadeiro sucesso é estar bem consigo mesmo.

Acho que cabe, aqui, uma citação interessante que li:

"Alcançamos a grandeza
Quando não prestamos atenção na posição
dos que estão acima de nós,
e fazemos com que aqueles abaixo de nós
não prestem atenção na nossa;
Quando não somos nem arrogantes com os humildes,
nem humildes com os arrogantes."

(Anthony de Mello, *O Enigma do Iluminado; Histórias de todos os tempos para meditação.* Edições Loyola, 1991.)

MÚSICO DE ESTÚDIO

A primeira vez que entrei num estúdio para gravar profissionalmente foi em 1959. Tocava bateria naquela época. Lembro-me de que fiquei assustado com o tamanho do lugar. Ali eram gravadas músicas com orquestras inteiras - e tudo ao vivo -, porque na mesa de som só havia dois canais, e todos os instrumentos tinham de entrar por eles. Era um sufoco, porque se alguém errasse era preciso começar a gravar tudo de novo.

Lembro-me de que, quando acendia aquela luzinha vermelha, numa pequena placa onde estava escrito "gravando", eu suava frio de tanto nervoso. E não era para menos, porque, quando alguém errava quase no final da música, pintava até um clima ruim.

A tecnologia da época realmente não ajudava, e foi assim até meados da década de 60.

Quando nós, Os Incríveis, fomos contratados pela RCA Victor, a coisa melhorou bastante, porque já começamos a gravar numa mesa com quatro canais, e até que conseguíamos tirar um som relativamente bom, para a época é claro.

Depois vieram as mesas com oito e dezesseis canais, com as quais os instrumentos eram gravados separadamente, e aí sim a gente podia até errar e consertar depois o erro, um alívio.

Quando o conjunto Os Incríveis acabou, eu poderia ter montado outra banda, ou mesmo ter iniciado carreira solo, mas, como gostava muito de gravar, preferi ser músico de estúdio.

Eu sentia que, para me aprimorar, teria de aprender a tocar todos os ritmos e tipos de música, e não foi fácil.

Numa gravação, tudo tem de ficar perfeito, não pode haver nenhum erro, nenhuma falha. Foi aí que aprendi uma coisa chamada "disciplina", o que acho fundamental num músico.

Gravei com muitos e muitos artistas, e não tenho a menor ideia de em quantos LPs e CDs já participei até hoje, é impossível contar.

No estúdio, cada trabalho é um novo desafio, diferente do que acontece no palco, onde normalmente são tocadas repetidas vezes as mesmas músicas e, obviamente, sem a qualidade de som de um estúdio de gravação.

Graças a essa vivência em estúdios, aprendi a produzir discos, uma atividade que me abriu novos horizontes.

Gravando como músico ou produzindo, ainda adoro este trabalho.

VIREI ATÉ ATOR DE NOVELA

Fui convidado para compor a trilha sonora da novela *Cinderela 77,* levada ao ar pela TV Tupi de São Paulo, escrita por Walter Negrão e Chico de Assis.

Eu e o Chico fizemos as músicas, e ele me "intimou" a trabalhar como ator. Fiquei surpreso e apreensivo, porque, apesar de ter experiência com televisão, nunca tinha representado na vida. Mas meu papel era pequeno. Eu fazia parte da turma dos "ratos", que na maior parte da novela andava de moto, e andar de moto eu sabia bem.

Capa do LP com a trilha sonora da novela.

Todo o elenco era superlegal, e o clima das gravações era descontraído e de muita amizade.

Meu irmão e ator Mário Benvenuti fazia parte da novela, juntamente com o Ronnie Von, que fazia o papel de príncipe, e a Vanusa, que fazia a Cinderela.

Foi uma novela bem musical. A experiência foi legal, mas confesso que não teria paciência para ser ator, porque as gravações eram muito demoradas e, na Tupi, a coisa toda era mal organizada. Fui até o fim da novela meio de saco cheio, e, em vez de me sentir um ator, sentia-me um *ator-mentado.*

Ainda prefiro ser músico.

O EGO ARTÍSTICO

Este é um tema que requer muitas páginas, mas serei breve.

Tive contato com meu ego muito cedo, porque comecei minha carreira ainda menino, como já contei no começo deste livro, e me achava "o máximo", "bom demais", "o especial".

Com o tempo, fui convivendo com outros egos, porque, como toquei em várias bandas, tive a oportunidade de conhecer diversos tipos. Uns se achavam lindos e irresistíveis; outros, que tocavam melhor que todos; outros, ainda, pensavam que ninguém poderia cantar melhor que eles; e assim sucessivamente, em todas as áreas artísticas.

É fato que todos nós temos um ego, que temos de alimentar de vez em quando. Mas acho que não podemos engordá-lo demais, senão ele aparece muito e fica feio.

A própria vida se incumbiu de afrouxar meu ego. Quando acabou o sucesso e tive de cair na real, foi uma lição dolorosa, mas muito eficiente, para entender que ninguém é melhor ou pior que ninguém, e que somos todos iguais aos olhos de Deus. Mas, pra mim, a melhor definição de ego humano quem deu foi o mestre Osho, que aqui transcrevo:

"Torne-se mais humilde, perceba suas limitações, seus enganos, seus erros, e torne-se humilde. Uma grande coragem surge a partir dessa humildade.

A humildade é forte, e o ego é muito fraco.

Na verdade o ego é o esforço de uma pessoa fraca para se proteger,
o ego é uma armadura; a pessoa sabe que no fundo ela é muito fraca;
o ego é um esforço para proteger sua fraqueza.

A pessoa mais fraca terá o ego maior.
Eles são complementares: quanto mais fraco você for,
maior o ego que você precisa para se proteger.
A pessoa realmente forte não precisa ter ego, não precisa de proteção;
ela pode viver desprotegida, insegura e vulnerável."

ELIS REGINA: O PRIVILÉGIO DE TER TOCADO COM ELA

Capa do CD gravado ao vivo no Palácio do Anhembi – SP/1979.

Estava em casa, sossegado, quando o César Mariano me telefonou pedindo para que eu fosse até seu escritório. Não entendi nada...

"O César me ligando? Que será que ele quer?"

Cheguei ao escritório, e estavam lá o César e a Elis. Eu os conhecia há muito tempo, mas era uma amizade um pouco distante. Depois de cumprimentar e abraçar os dois, o César falou:

— Nós queremos que você toque com a gente.

— Eu?! - respondi, chocado, e continuei: - Vocês estão loucos? Eu nunca toquei MPB na vida! Eu sei tocar *rock, jazz,* música americana, mas samba eu não sei.

Aí a Elis disse:

— Tá bom, Nenê. Então, vem tocar *rock* com a gente!

A frase me desmontou, e rimos muito.

Na semana seguinte começamos os ensaios, que durariam um mês inteiro, das 10 horas da manhã às 8 da noite. Lembro-me de que, no primeiro ensaio, fiquei embaraçadíssimo, pois conhecia muito pouco o repertório da Elis... Que vergonha, não?

Devo confessar que pintou medo e insegurança, mas, como bom ariano, resolvi encarar o desafio e pedi ao César Mariano alguns discos dela, fui para casa e os ouvi por horas e horas. Ouvindo as gravações, fui sentindo o "espírito da coisa", o "*swing*", as "levadas" do baixo - por sinal, maravilhosamente bem tocadas por Luizão, um dos melhores baixistas deste país –, e logo fui sintonizando, aprendendo, e colocando aos poucos meu estilo de tocar dentro disso tudo.

Na segunda semana de ensaio, eu já estava bem mais à vontade, a insegurança e o medo tinham ido embora, e no lugar deles senti o privilégio de estar ali, tocando com aqueles músicos "feras" e acompanhando a "baixinha".

Realmente, ao longo destes anos todos de música, nunca vi nem ouvi ninguém cantar igual à Elis. Era impressionante como cantava com tanta facilidade. Às vezes, durante os ensaios, ela, mesmo sentada, descontraída numa cadeira, conseguia soltar a voz tranquilamente e interpretar como ninguém! Sem dúvida nenhuma, ela nasceu com este dom único.

Um outro bom momento dos ensaios era o almoço, porque, às vezes, até a própria Elis fazia uma comidinha especial - e era boa nisso também. Comíamos verduras e legumes da horta que ela mesma plantava e cuidava. Muitas vezes, eu levava para casa uma porção de rúcula, superlimpa, sem agrotóxico, e com um sabor maravilhoso. Aliás, ela se orgulhava muito da sua horta.

Mas, voltando aos ensaios, continuamos a todo vapor, até chegar a um resultado pra lá de ótimo, pois o César sempre foi, e é, muito meticuloso nos arranjos.

Foi uma pauleira, mas o resultado final ficou perfeito. Tanto, que fizeram daquele show, *Essa Mulher*, um CD ao vivo. Esse trabalho foi, realmente, o mais profissional e o mais gratificante na minha carreira.

Considero o César Mariano um gênio musical, e a Elis, sem dúvida, a maior cantora que o Brasil já teve em toda a sua História.

Tocamos nos melhores teatros de quase todas as capitais do Brasil, e também na Argentina, e foi um sucesso tremendo em todos os lugares.

Aprendi muita coisa com eles. Afinal, tocar com o César e a Elis, além de ser uma grande honra, foi também uma grande escola, porque aprendi também que não se deve ter medo do desconhecido, como tive no começo.

É a vida, sempre nos ensinando!

LUÍS ROBERTO BORGES DA SILVA
(Moreno)

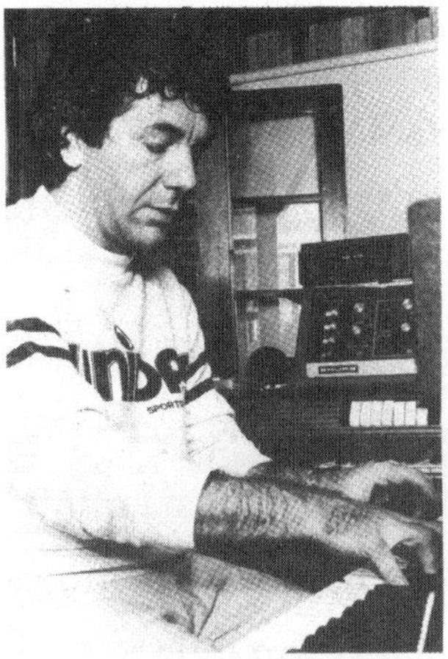

ANTONIO CÉSAR CAMARGO MARIANO
(César Mariano)

LIDIO BENVENUTI JÚNIOR
(Nenê)

PAULO D'AQUINO
(Chacal)

ARDÉLIO CARLOS DEL CISTIA
(Crispim)

RICARDO RODRIGUES PARENTE SILVEIRA

Músicos que acompanharam Elis Regina.

TOCANDO JAZZ E COUNTRY MUSIC

Fui convidado para tocar numa banda chamada Blue Gang, que já estava formada e tocava *jazz* numa casa noturna especializada no gênero em São Paulo, a Opus 2004. Lembro-me de que as primeiras vezes em que fui tocar, os componentes de outras bandas me olharam meio torto por causa do meu contrabaixo elétrico, coisa que eles não gostavam, porque preferiam o baixo acústico, aquele grandão.

E lá vem mais preconceito, agora por causa de instrumento! Como este mundo é preconceituoso! Mas, mesmo assim, a banda agradava muito, e era isso o que importava.

Para tocar direito, tive de ouvir discos dos anos 20, 30 e 40, a fim de me familiarizar com o estilo, mas consegui aprender. O *jazz* permite ao músico uma grande abertura de cabeça com os improvisos. Você fica de uma certa forma criando o tempo todo, e acho isso bom, pois desenvolve a sensibilidade.

Fiquei meio obsessivo pelo *jazz*, mas foi como uma grande paixão, durou mais ou menos uns três anos, depois passou. Mas valeu!

Depois, com essa mesma banda, Blue Gang, saímos do *jazz* e fomos para a *american country music* e gravamos um LP, que foi o primeiro no Brasil nesse gênero.

LP 3-41-404-013

K7 3-41-701-009

blue GANG BAND

LADO 1

THE WORLD IS WAITING FOR THE SUNRISE
(E. Seitz-E. Lockh)

EARLY MORNING RAIN
(G. Lightfoot)

YOUR CHEATING HEART
(Williams)

MOVIN' ON
(Merly Haggart)

I'M A RAMBLIN' MAN
(Ray Pennington)

PUBLIC DOMAIN (RED RIVER VALLEY)
(Bob Livingston)

LADO 2

OH, LONESOME ME
(D. Gibson)

HELLO, MARY LOU
(G. Pitney)

TRAVELING PRAYER
(Billy Joel)

JADED LOVER
(Chuck Pyle)

I WAS BORN ABOUT 10.000 YEARS AGO
(Traditional-Arrang.: BLUE GANG)

DUELIN' BANJOS
(Bria-Kandracho)

FICHA TÉCNICA:

PRODUTOR FONOGRÁFICO: *DISCOS CONTINENTAL*
DIREÇÃO ARTÍSTICA: *MANOEL BARENBEIN*
DIREÇÃO DE PRODUÇÃO: *ALF SOARES*
TÉCNICO DE GRAVAÇÃO: *JOÃO CAMPANHA*
GRAVADO NOS ESTÚDIOS REUNIDOS - SP
MIXAGEM: *JOÃO CAMPANHA/ALF SOARES*
ASSISTENTES DE ESTÚDIO:
EDMILSON/SOUZA/GERALDO/SILVA/EDSON
CORTE: *ADEMILTON VILA NOVA*
ADMINISTRAÇÃO DE REPERTÓRIO: *ODAIR CORONA*

CAPA:
DIREÇÃO DE ARTE: *OSCAR PAOLILLO*
ARTE FINAL: *FRANCISCO C. GONGORA/WALMIR*

PARTICIPAÇÕES ESPECIAIS:
STEEL GUITAR - *POLY*
FIDDLE - *GERMANO*

Luchin

Walter

Andrew

Nené

Brio

A música Country (Country Music, para os íntimos) foi, por muito tempo, popular apenas e tão somente nos Estados Unidos. Porém, desde algum tempo, este tipo de música começou a subir e se espalhar pelos mais diversos cantos do mundo.

Embora não sendo algo tão fácil quanto se possa imaginar, um conjunto brasileiro conseguiu assimilar perfeitamente o real espírito da genuína "Country Music". Estamos falando de "Blue Gang".

A idéia nasceu há alguns anos, quando Andrew Busic e G. "Pino" Bria conheceram-se e passaram a tocar juntos. Das várias correntes musicais que os influenciaram em suas carreiras chegaram ao ponto em comum: começaram a tocar Country Music e... todo mundo enlouqueceu!!!

A Blue Gang foi formada, e com ela a Música Country finalmente chegou ao Brasil. Com o grupo completo, e com o aprimoramento de cada um de seus elementos, logo começaram a chegar pedidos para que a Gang gravasse um disco (incluindo a "intimação" de um Texano que mede 2 metros de altura e segue o grupo por todos os lugares em que se apresenta). E foi feita a vontade de todos!

As canções que aparecem neste primeiro álbum da Blue Gang pertencem ao mais típico e bem conhecido repertório da Country Music, e oferecem a todos os ouvintes a oportunidade de curtir os alegres sons dos campos.

A Continental, sempre presente aos grandes eventos musicais, escolheu a Blue Gang para fazer um disco que, orgulhosamente, ostenta o carimbo de "O Primeiro álbum Country Made in Brazil".

Agora puxe uma cadeira ou sente-se no chão, relaxe e seja benvindo ao mundo da música Country, muito bem defendida pela Blue Gang.

Membros da Blue Gang:

Andrew Busic • Vocais/Líder do Grupo
G. "Pino" Bria • Violão acústico/Banjo
Walter Kandachoff • Violão acústico/Guitarra solo/Harmônica/Banjo
Luchin Montoya • Piano
Nenê "Baby" • Baixo
Jurandi "Trinity" • Bateria/Percussão

Red River Valley (Public Domain) foi cantada por Emmet McKenna, que veio direto dos Estados Unidos para dar "uma mãozinha".

Nossos agradecimentos a Beto Roncaferro (Rio Grande do Sul) pelo incentivo à música Country.

Stereo
DISCO É CULTURA

TRABALHANDO EM PUBLICIDADE

Comecei a gravar *jingles*, como músico, em quase todos os estúdios de São Paulo, o que foi uma experiência interessante porque, em vez de gravar três minutos, como no caso de uma música, a gravação toda tinha de ser feita em 30 segundos, às vezes em um minuto.

A publicidade também é um outro mundo. Tudo tem de ser feito às pressas, porque o trabalho tem de ficar pronto pra "ontem". Sempre muita correria, mas com muita criatividade. Na época, fazíamos *jingles* para todo o Brasil, e para cada Estado um estilo diferente, às vezes de acordo com o tipo de música local. Gravávamos baião, forró, samba, *funk,* musica típica gaúcha, e assim por diante. Foram, ótimos desafios.

De músico passei à criação, ou seja, comecei a compor *jingles* e trilhas sonoras, e isso foi e é um trabalho apaixonante.

E algo curioso aconteceu. Desde a época dOs Incríveis, sempre compus melodias e letras de músicas - nem todas gravadas ou conhecidas. Mas, depois de algum tempo compondo *jingles* de 30 segundos, senti certa dificuldade para compor uma música normal, inteira. Inconscientemente eu chegava aos 30 segundos e não conseguia continuar compondo até completar o restante. Uma loucura!

Entretanto, foi mais uma faceta da minha vida que me abriu portas e novos horizontes, porque, no Brasil, ser apenas músico é coisa de herói.

TOCANDO NA BOLÍVIA E EXPERIMENTANDO A PERIGOSA COCAÍNA

Estava num estúdio gravando, quando me convidaram, e a outros três músicos brasileiros, para ir à Bolívia acompanhar uma cantora em Santa Cruz de La Sierra. Topei na hora, porque viajar é comigo mesmo. Aventuras? Oobaa!!

E foi mesmo uma aventura. No segundo dia que estávamos lá, ganhamos de presente um saco plástico bem cheio da famosa *"La blanquita"*, a cocaína mais pura, afinal, estávamos na terra dela.

Acredite se quiser, mas nunca tinha cheirado, porque nunca tinha me interessado. Mas, já que ela estava ali, bem na frente do meu nariz, "Então vou cheirar, né?"!

Eu cheirava, bebia, ficava bêbado; cheirava, passava o bebum, então cheirava de novo e bebia; e assim continuava. É aí que mora o perigo! Se uma pessoa meio depressiva experimenta cocaína, com certeza vai gostar, porque "Cocaína? Cheirou, a depressão voou!". Mas logo depois acaba o efeito e você quer cheirar mais, apesar de saber que no dia seguinte vai ficar um lixo.

No quarto dia começou a sair sangue do meu nariz. Fiquei com medo de acontecer alguma merda comigo, ainda mais em país estranho, e parei.

Mas, no sexto dia, convidaram a gente pra ir à casa de um cara para experimentar um tal de "Pitílio". Chegamos na tal casa e entramos no banheiro. Em cima da pia de mármore tinha um maço de Carlton, brasileiro por sinal, com os cigarros ocos e o fumo do próprio cigarro pra fora; do outro lado, havia uma massa meio cor-de-rosa, que é a primeira pasta da cocaína, ou seja, a pior delas. O cara ensinou, e lá fui eu preparar meu cigarro: um pouco de fumo, um pouco de pasta, e assim sucessivamente; depois, fumei como a maconha. O gosto era horrível, mas fumei ele todinho e fiquei pra lá de louquinho, não parava de falar, fiquei alterado, com a cabeça a mil. Aquelas coisas de droga... Não consegui dormir bem, com direito a pesadelos e tudo, e, no dia seguinte, sentia na boca um gosto horrível de acetona.

Como se já não bastasse, apareceu outro boliviano louco e me deu de presente uma cocaína azul-brilhante, que eu nunca tinha visto antes, chamada "escama de peixe". Lembro-me de ter perguntado a ele por que era azul-brilhante, ao que ele me respondeu:

— Porque você vai para o céu.

— Cheirar e morrer, no?

Ele riu e me explicou que o barato da droga era super *relax,* viajante e calmo, e foi mesmo, sem aquela neura excitante da cocaína normal.

Você percebeu que até agora não falei de música? Mas ensaiamos com a cantora, fizemos o show e foi muito bom. Mas, boa mesmo foi minha experiência com a cocaína, entendi finalmente o motivo pelo qual essa droga é tão perigosa e nociva.

Voltei ao Brasil consciente e ciente de que nunca mais voltaria a cheirar. Ainda preferia os meus bebuns, que eu achava não eram tão nocivos. Que ingenuidade a minha...

UM ANO TOCANDO E CONVIVENDO COM RAUL SEIXAS

Meu amigo Tony Osanah, que era o guitarrista do Raul na época (1985), me convidou para tocar num garimpo no meio da selva Amazônica.

— Porra, que convite mais louco!

Mas, de novo, senti cheiro de aventura e topei rapidinho. Não tivemos tempo pra ensaiar, e só passei com o Tony algumas músicas no violão, mas eu já conhecia o repertório, porque, afinal, sempre fui fã do Raul.

Somente no aeroporto o conheci pessoalmente, e foi uma festa, porque houve uma simpatia muito grande entre nós. Parecia que éramos amigos há muitos anos, e tínhamos também duas coisas em comum; o álcool e o *rock and roll.*

Entramos no avião e já começamos com a bebedeira e muitas risadas.

Voamos umas seis horas de jato, depois embarcamos num avião Bandeirante particular e voamos mais duas horas e meia até chegarmos a Itaituba, no Pará.

De cima, esquerda, para a direita: Nelsinho, Raul, Tony Osanah e eu, no começo da viagem.

De lá, em dois aviões pequenos, monomotores, voamos mais de uma hora e meia até o garimpo que, olhando de cima, era uma clareira no meio da selva – o famoso garimpo Marupá.

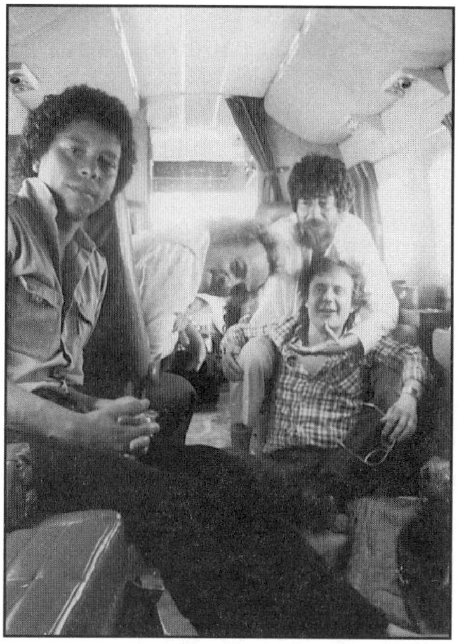

Num avião Bandeirante alugado — mais 2h30min de vôo.

Essa era a única rua, ou melhor, pista do garimpo, como se pode notar pelos monomotores estacionados. A primeira casa à esquerda é a Boate Califórnia, onde tocamos. *Mamma mia!*

A pista era de terra, as casas de pau-a-pique, algumas de madeira, e um detalhe: só tinha um chuveiro, na casa do administrador!

Minhas necessidades fisiológicas eu fazia no mato, porque entrar na "casinha", com aquele buraco fedido, era simplesmente insuportável! Meu quarto tinha uma cama com um colchão de espuma que, quando eu deitava, quase me sufocava. Como não havia nenhuma cadeira pra colocar a mala, ela ficava no chão, meio aberta, o que dava acesso a minibaratas, uma porção delas, e, quando eu ia pegar alguma roupa, era só balançar bem que elas caíam no chão. Legal, né?

— Puta que pariu! Que é que eu estou fazendo aqui?!

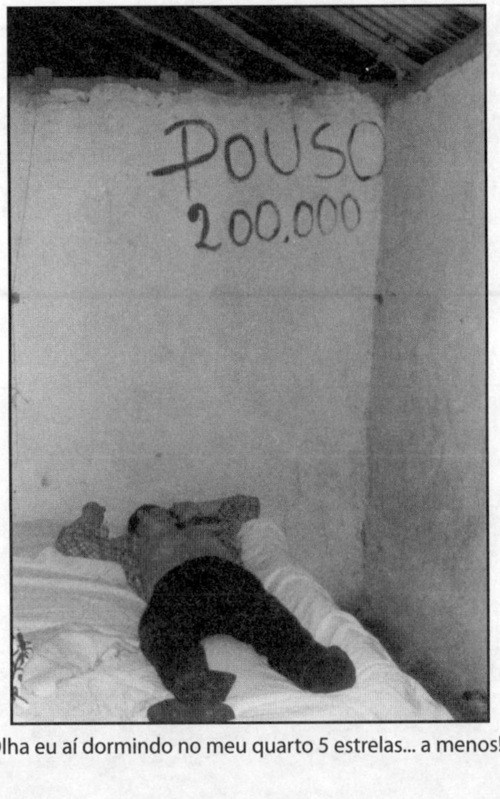

Olha eu aí dormindo no meu quarto 5 estrelas... a menos!...

No começo, fiquei apavorado com tudo aquilo, mas, por incrível que pareça, a gente se adapta... Depois de muitos uísques.

Na primeira noite fizemos o show com a aparelhagem da boate que, aliás, era uma merda, mas, quando você tem de tocar para garimpeiros, quase todos com um 38 na cintura, você toca direitinho e sorrindo, é claro! Ainda bem que eles gostaram... Ufa! Depois do show, ficamos bebendo e batendo papo com os garimpeiros e assim tiramos aquela má impressão, os caras eram legais.

Como no garimpo não tem luz elétrica e o gerador parava de funcionar às 4 horas da manhã, fomos dormir. Dormi meio *cabreiro* com os insetos, mas estava morto de sono.

Nove horas da manhã acordo com o Raul batendo na minha porta, anunciando o café da manhã. Abri a porta, resmungando que era muito cedo, e dei de cara com ele me dando um copo com um líquido meio amarelado, dizendo:

— Nenê, esta aqui é do Ceará!

Dei um gole na pinga e fomos tomar café de verdade.

À tarde, fomos até o rio conhecer como funciona a garimpagem e fizemos amizade com os garimpeiros, que até nos deram de presente algumas pequenas pepitas de ouro.

Nós com os garimpeiros, conhecendo o processo da extração do ouro. Note um deles praticamente deitado na mangueira devido à força da água. Nossa, que mangueirão!...

Alguns até me reconheceram dOs Incríveis, porque havia discos nossos lá também. Tive até de cantar *O bananeiro* pra eles.

Ouvimos muitas histórias de arrepiar, como, por exemplo, a de um cara que pedia dinheiro emprestado, não pagava ninguém e sacaneava todo mundo, até que um dia os garimpeiros se juntaram, colocaram o cara no avião, subiram e o jogaram de lá de cima no meio da selva. Lá, no garimpo, não se brinca não. É um outro mundo, e muito perigoso. Tô fora!

Fizemos mais um show à noite e, graças a Deus, fomos embora.

Boate Califórnia (Garimpo Marupá)

SHOW BAILE COM O CANTOR

RAUL SEIXAS

DIAS: 26 e 27 - 09

DATA: 27/09/85

HORÁRIO: 22:00 hs

PREÇO: 800.000

OBS: CADA MESA DÁ DIREITO A 4 PESSOAS

MESA

Nº 197

(ver pág. 108 boneco, tem foto sem legenda)

Depois dessa aventura, fiquei mais amigo de Raul e da Lena, sua mulher na época.

Lena, mulher do Raul, ele e eu — zorra total!

Raul Seixas foi, sem dúvida nenhuma, a pessoa mais bondosa e ***incrível*** que conheci. Tinha um coração de ouro, era desprendido da matéria, muito inteligente e sensível... E eu, particularmente, acho que ele não estava mais aguentando viver neste mundinho aqui.

Tenho muito orgulho de dizer que toquei com o **maior roqueiro do Brasil!**... E sinto muita saudade dele...

Show em São Caetano do Sul (SP).

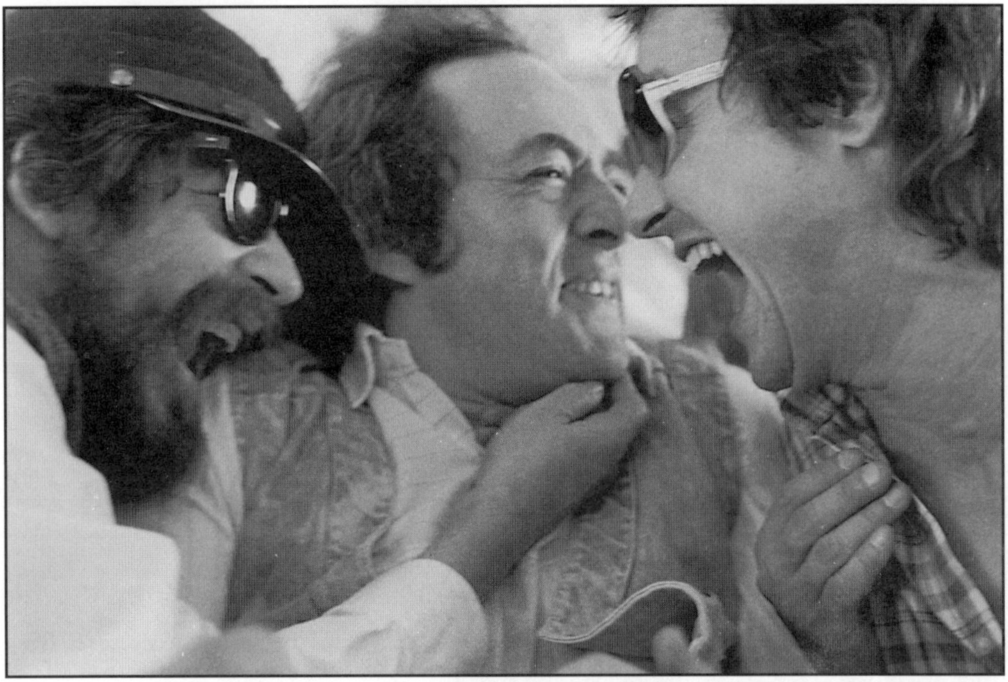

Sem palavras...

MORANDO NO ALASCA

Eu tinha montado, já há algum tempo, dois estúdios profissionais para ensaios em São Paulo, e a coisa estava funcionando muito bem, porque vários artistas - como Gilberto Gil, Fábio Jr., César Mariano, Fafá de Belém, Roberta Miranda, Maria Bethânia, Cristian & Ralf, Os Titãs, Capital Inicial, e muitos outros - sempre ensaiavam lá. Mas eu tinha virado empresário, e isso realmente não era o meu negócio; precisava trabalhar com música mais diretamente.

Um belo dia, meu amigo Sérgio, que morava nos Estados Unidos há muito tempo e que foi guitarrista do The Jet Blacks nos anos 60, veio me visitar e me disse que estava morando no Alasca. Mostrou-me fotos e um vídeo caseiro de lá. Enlouqueci.

Desde criança, quando ouvia falar no Alasca e no Pólo Norte, eu ficava extasiado. Sempre sonhei em ir pra lá. Pronto, estava ali a minha chance. Conversamos sobre a possibilidade de montarmos lá um pequeno estúdio para *jingles* porque, na época (1989), existiam pouquíssimos no Estado inteiro, e seria uma grande jogada. Então eu lhe disse:

— Daqui a três meses estarei lá!

Ele não acreditou muito, mas deixou aberta a possibilidade. Vendi meu estúdio, que já não aguentava mais, fechei minha casa (na época eu morava sozinho)... E fui!

Quando contei aos meus pais que ia para o Alasca, eles ficaram boquiabertos. Lembro-me até do meu pai perguntando se eu iria morar num iglu. Parece bobagem, mas muitas pessoas não tinham a menor ideia de como eram as cidades lá. Imediatamente telefonei ao Sérgio pedindo que me enviasse alguns cartões postais com fotos de cidades alasquianas. Minha família, então, respirou mais aliviada, mas, mesmo assim, achando que eu tinha pirado.

As duas cidades onde morei.

Sem dúvida, o Alasca é o lugar mais bonito que já vi. É grandioso e intocado ainda pelo homem. Só vendo mesmo!

Passeando de *snowmobile* com meu amigo Bob.

O Alasca é lindo!

Depois de 26 horas de vôo, com uma pernoitada em Seatle, cheguei a Juneau, capital do Alasca.

Por sorte, nessa mesma noite ia haver um encontro de todas as bandas da cidade que tocavam músicas dos anos 50, 60 e *country music.* O Sérgio conhecia todos os músicos, me apresentou a eles, e o som começou a rolar. As bandas tocaram, e o Sérgio subiu ao palco, pegou o microfone e me chamou pra tocar, dizendo que eu tinha vindo do Brasil e blablablá. Tocamos algumas músicas, só americanas é claro. As pessoas acharam estranho um brasileiro tocando a música deles, mas gostaram muito de mim.

O Sérgio desceu do palco, e eu estava me preparando para descer também, quando subiram três músicos americanos e me pediram pra ficar e tocar com eles. E eu fui ficando, bebendo *Jack Daniels* por conta da casa... Só consegui sair do palco uma hora depois, cansado, mas feliz.

O Alasca estava me recebendo de braços abertos, como o urso de dois metros e meio de altura que vi no aeroporto, embalsamado é claro – que me impressionou, porque parecia que estava vivo, tão perfeita a taxidermia; as unhas das patas dianteiras tinham o tamanho da minha mão! O bicho é lindo, mas muito assustador. Eles dizem que no Alasca existem mais ursos do que gente; por causa isso, numa determinada época do ano é aberta a temporada de caça. Cada caçador paga 100 dólares e tem direito a matar dois ursos, dizem eles, para não proliferar. Muitas vezes os ursos vêm até as cidades em busca de comida, e aí a coisa complica.

Mas, voltando à música, começamos a tocar à noite em boates de Juneau, e passei a notar que não havia muitas mulheres onde tocávamos. Às vezes, pra piorar, apareciam umas velhas gordas, que começavam a dançar como menininhas na frente do palco, e me lembro de que perguntei pro Sérgio o que era aquilo.

— São as "gatinhas" do Alasca.

Filho da puta, ele não tinha me avisado que no Alasca há oito homens para cada mulher!!

E é claro que existiam mulheres lindas, só que, ao redor delas, havia pelo menos 15 homens como abutres atrás de carniça! Até pensei: "Se eu abrisse um puteiro aqui, ficaria rico!".

Mas acho que nem as "damas da noite" gostam do frio, porque lá o frio é bravo mesmo. Tive sorte de pegar só 20 graus abaixo de zero, mas os alasquianos me disseram que existe um vento, chamado *Taku* pelos esquimós, que arrasta carros, casas e o que estiver pela frente. Também, um vento com esse nome...

De Juneau fomos para Sitka, a primeira cidade fundada pelos russos, quando o Alasca ainda era deles. Eu e o Sérgio nos juntamos com uma cantora americana chamada Taska e formamos um trio que denominamos *Freedom.*

Taska era muito legal, cantava muito bem e, sendo também cabeleireira, cismou com meu cabelo, dizendo que era muito liso, e que ela ia dar um jeito nele pra ficar mais bonito e mais volumoso. E começou a enrolar nos meus cabelos um papelote aqui, outro papelote ali... Depois fiquei com uma touca quente, parecendo uma tia velha no cabeleireiro, e, muito tempo depois, surpresa! Eu estava com cabelo *black power.* Quando me olhei no espelho, nem acreditei. Estava parecido com a Aracy de Almeida! Fiquei muito puto, mas disfarcei, porque a Taska perguntava:

– *Do you like?*

"Que bosta que fizeram com o meu cabelo?", pensei, e quando cheguei na boate para tocar, as pessoas começaram a me chamar de "Nenê Jackson", "Nenê Brown" e tiraram o maior sarro da minha cara. Acabei de tocar e saí rapidinho, fui pra casa e joguei um vidro inteirinho de condicionador no cabelo, mas, mesmo assim ainda ficou muito feio, só com o tempo voltou ao normal.

Freedom Trio, ou *Friom* Trio, de acordo com a paisagem, e eu com cabelo pixaim. Lindo né?

Musicalmente falando, foi muito importante pra mim, porque, além de tocar no trio, também toquei com uma banda de *hard rock*, substituindo o baixista que havia viajado, e dei algumas "canjas" maravilhosas, por exemplo, com uma banda de *funk* só de negros vinda de Washington. Fiquei muito amigo deles e, por sorte, o baixista tocava teclado também, assim ficávamos todos no palco curtindo muito.

Mas uma "canja" foi muito especial pra mim. Eu estava passeando a pé com o Sérgio, quando passamos em frente ao Hotel Alaska, em Juneau, e ouvimos o Ray Charles cantando. Pensei com meus botões que aquilo não poderia ser verdade. Imaginei até que fosse um disco. Entramos rapidamente e fomos para um pequeno salão do Hotel. Ali, vimos um senhor negro de cabelos brancos tocando órgão e cantando exatamente como meu querido e maior ídolo Ray Charles!

Tocava junto com ele, meio sem tesão, um guitarrista branco. Pedi ao Sérgio pra lhe perguntar se eu poderia dar uma "canja", e o cara deixou. Fui correndo pegar o baixo no carro e subi naquele pequeno palco. Acho que o "negão" deve ter pensado: "Que é que esse branquelo brasileiro está fazendo aqui?". Mas, mesmo assim, ele me perguntou o que eu queria tocar, ao que respondi:

— O que você quiser.

Ele então puxou um *blues* em si bemol que me arrepiou todo. O cara tocava e cantava com a alma, coisa típica dos negros americanos, e, enquanto cantava, olhava para a minha mão esquerda - que é a que determina as frases do baixo, ou, como é chamado em inglês, *the bass lines.* E não é que o cara gostou de mim e do meu jeito de tocar?

Depois do *blues,* ele tocou várias músicas do repertório de Ray Charles, cujas harmonias, por sorte, eu conhecia; afinal, acompanho meu ídolo desde 1958 e tenho mais de 30 discos dele. Isso realmente impressionou o cara, que me abraçava após o término de cada música. O pequeno público que estava lá também curtiu e aplaudiu muito.

Para mim, foi a glória! Em certos momentos, tive a nítida sensação de que tocava com o Ray.

São experiências como essas que acho importante um músico ter.

Mas, mulher que é bom, nada...

Eu não me conformava com o fato de ter tão poucas mulheres no Alasca. Até pintou uma índia meio gorda, com os peitos meio caídos, ou seja, bem meia-boca, mas não topei. Outra ainda, com um rostinho bonitinho, 26 aninhos, mas que pesava uns 90 quilinhos, também não deu certo. E uma magrinha, com um pezão enorme, ou seja, uma "chulapa" que, se eu topasse a transa, pararia logo no começo, pois inevitavelmente me lembraria daqueles pezões, que acabariam com meus tesões.

Mas surgiu uma que me interessou. Tinha um rosto bonito, um corpinho bem-feito, e às vezes ia sozinha onde tocávamos, e em outras ia com um cara mal-encarado. Certa noite, ela nos convidou - a mim e ao Sérgio - para um jantar na sua casa. Como ela dava bola pra mim, sempre cheia de sorrisos e beijinhos, aquela coisa de paquera, sabe?, fiquei empolgadíssimo, e até tive sonhos eróticos com ela naquela noite.

Finalmente chegou o dia do tão esperado jantar. Quando tocamos a campainha, ela apareceu na porta para nos receber toda bonitinha e gostosinha. Eu pensei: "Nenê, é hoje ou nunca! *It's now or never!*"

Ela morava numa casa bonita. Ao entrar na sala, notei que em duas das paredes duas peles enormes de urso faziam a decoração, junto com duas cabeças de veados penduradas na parede. Achei até meio estranho aquilo tudo, mas fomos para a outra sala a fim de jantar, e conversamos bastante sobre música, pintura etc.

Ela era uma simpatia e muito feminina, o que me atrai muito numa mulher. Conversa vai, conversa vem, ela nos contou que seu marido estava viajando e voltaria na outra semana.

"Marido?! Pô, eu pensei que ela fosse solteira."

Mas foi aí que me lembrei do cara mal-encarado que às vezes a acompanhava à boate. Disfarçando minha grande decepção, perguntei o que ele fazia, ao que ela respondeu:

— Ele é caçador!

Fiquei gelado com a resposta, imaginando minha cabeça pendurada junto com os outros bichos, escrito embaixo: "Brasileiro que quis comer minha mulher".

Mais do que depressa acabou o erotismo e o tesão, e daí pra frente continuamos a ser só bons amigos.

Que fria essa! É, não tinha jeito mesmo. Eu tinha de esperar a mulher certa, na hora certa. E você sabe que "a esperança é a última que morre", né? Mas morre!

Em compensação, profissionalmente eu ia bem. Ganhava 100 dólares por noite, tocava seis noites por semana, o que dava no fim do mês 2.400 dólares, e sobrava um bom dinheiro. Mas tocar na noite não era o nosso plano, e sim montarmos um estúdio. Começamos então, a estudar qual seria a melhor cidade, verificamos preços dos equipamentos e tudo o mais.

Um dia, recebi um telefonema muito estranho do Brasil. Era meu cunhado.

— Nenê, seu pai não está muito bem de saúde, mas o médico já chegou. Daqui a uma hora eu ligo outra vez.

Aquilo me soou muito mal. "Se fosse só um problema de saúde, por que eles iriam me ligar aqui no Alasca?" E o meu pai estava forte e muito bem.

Fiquei muito nervoso e desconfiado, e saí para comprar uma garrafa de *Jack Daniels* pra segurar a onda. Voltei logo e comecei a beber e olhar para o telefone, mas ele não tocava. Os minutos passavam, pareciam horas, e eu lá bebendo, superansioso, com Taska e Sérgio tentando me acalmar. Quando o telefone finalmente tocou, atendi rapidamente e ouvi a voz do meu cunhado, desta vez dizendo:

— Nenê, eu sinto muito, mas seu pai acabou de morrer.

Ele continuou falando, mas não consegui ouvir mais nada. Aquela frase tinha caído na minha cabeça como uma bomba. Confuso, muito confuso, desliguei o telefone e comecei a chorar como uma criança. Naquela carência toda, senti os braços da Taska e do Sérgio me abraçando, fazendome sentir amparado. Foi muito triste e doloroso. Meu pai morrendo no Brasil, e eu no Pólo Norte, sem ao menos poder vê-lo pela última vez. "E minha mãe, como estaria?"

Com a cabeça a mil por hora, continuei a beber o velho *Jack*, que só serviu pra me amortecer um pouco. E, para piorar, dali a algumas horas eu teria de tocar, não havia ninguém pra me substituir. Fui tomar um banho, troquei de roupa, coloquei meus óculos escuros para esconder os olhos inchados e vermelhos de chorar, e dediquei aquela noite ao meu pai.

Toquei viajando no tempo e no espaço, lembrando do meu velho com muito amor, muita saudade e chorando em cima do palco. Continuei bebendo muito, mas a bebida só conseguiu me anestesiar. Foi muito triste.

Mandei rezar a missa de 7º dia para ele na Igreja Católica de Sitka, e acredito que meu pai foi um dos poucos brasileiros que receberam uma missa em sua homenagem rezada no Alasca.

À noite tive um sonho maravilhoso com ele, que mais me pareceu uma visão, porque normalmente não consigo me lembrar dos meus sonhos. Eu e alguns amigos estávamos sentados à mesa de um bar no Alasca, quando meu pai apareceu de terno marrom e chapéu, como sempre se vestia. Ele trazia na mão uma caixa de leite, que entregou para mim. Depois disso, fomos até o hotel onde eu estava. Ele pegou uma mala na mão e disse "Filho, agora vou embora, mas volte logo pra cuidar de sua mãe", e me abraçou, me beijou e saiu.

Acordei assustado, mas com um sentimento de amor profundo –eu amava aquele homem. Obviamente tinha de voltar ao Brasil pra ver minha mãe e também resolver aqueles problemas de documentação da herança etc. Meus planos de permanecer no Alasca teriam de esperar.

Voltei ao Brasil, onde o processo todo de partilha demorou alguns meses. Nesse ínterim, Sérgio foi pra Los Angeles, onde vive até hoje, e infelizmente nossos planos de morar definitivamente no Alasca acabaram.

Apesar disso tudo, essa viagem foi a mais gratificante, divertida e importante até agora na minha vida, porque foi a realização de um sonho.

ON THE ROAD AGAIN
"The Silva's"

De volta para o Brasil, continuei com meus trabalhos em estúdios, e vez ou outra tocava com bandas de amigos na noite paulistana para não perder o pique de palco, e assim foi durante um bom tempo.

Mas em 2000 um velho amigo meu, o produtor Liminha ex "Mutantes", telefonou me convidando para montar uma banda de Surf-Music, juntamente com João Barone dos "Paralamas do Sucesso".

Mais que depressa topei a parada e fui ao Rio de Janeiro, onde começamos os ensaios. Pra mim foi como voltar aos meus dezesseis anos, quando tocava os sucessos dos grupos The Shadows e The Ventures.

Impressionei-me muito com o Liminha tocando guitarra solo, porque eu o conhecia tocando baixo, por isso mesmo foi uma grande surpresa. Já o João Barone, sem dúvida, é um dos melhores bateristas da sua geração, ritmo forte, pesado e com muito swing.

Fizemos quatro shows inesquecíveis no Hard Rock Café no Rio de Janeiro. Começávamos com músicas instrumentais, e depois em cada show apresentávamos um convidado especial: Gabriel, o Pensador, Frejat do "Barão Vermelho" , Tony Garrido do "Cidade Negra" e meu amigo Samuel Rosa do "Skank". Com eles tocamos desde Little Richard, James Brown, Hendrix e muito mais.

Foram apresentações memoráveis, e me senti privilegiado de ter participado desses eventos. Obviamente que a banda não seria sustentável devido aos compromissos de cada um de nós, mas foi uma grande curtição.

VALEU MESMO!!!

Nenê, Liminha e Barone: tocando surf rock.

"The Originals"

Em 2005 recebi um telefonema do meu amigo Netinho d'Os Incríveis" me perguntando se eu gostaria de participar do projeto de uma nova banda idealizada por Miguel Plopsky, produtor e ex saxofonista dos Fevers, que seria a junção de três bandas importantes dos anos 60 e 70, ou seja:

"Os Incríveis", "The Fevers" e "Renato e seus Blue Caps".

Achei uma ideia genial e fomos ao Rio de Janeiro conversar com o pessoal todo, e foi uma grande festa de reencontro.

A banda era assim formada: Pedrinho da Luz, Cleudir Borges, Miguel Plopsky e Almir Bezerra ex "Fevers"; Ed Wilson com a participação do Renato Barros dos "Blue Caps", e finalmente Netinho e eu d'Os Incríveis.

A banda estava formada e foi batizada The Originals, devido aos seus elementos serem todos originais das bandas então citadas. Os ensaios apesar de árduos, o clima era de muita alegria e brincadeiras.

Finalmente estávamos prontos para gravar o Dvd no Canecão, com vários convidados especiais como: Lobão, Paulo Miklos dos "Titãs", Chorão do "Charlie Brown Jr.", Michael Sulivan, e com nosso querido amigo dos bons tempos Erasmo Carlos. Foi sem dúvida uma noite emocionante, com a participação do público cantando e dançando. Pura emoção!

Com o sucesso do CD e DVD, começamos as viagens pelo Brasil inteiro, o que foi muito gratificante. Onde íamos, o público nos recebia com muito carinho, tanto pessoal mais velho que já nos conhecia, como a moçada que também ia assistir aos shows. Foi muito bom rever e fazer novos amigos.

Devido ao grande sucesso de vendagem ganhamos da gravadora o Disco de Ouro.

Depois de um ano e meio tocando com a banda, optei por sair do grupo e voltar aos meus compromissos nos estúdios, mas gostaria de deixar aqui expresso minha gratidão aos Originals, meus companheiros e amigos do coração.

EU E O ALCOOLISMO

Nos anos 60, as cenas mais comuns em filmes americanos eram aquelas em que um sujeito convidava outro para um drinque. Era coisa de homem, coisa de macho. Mulher, quando bebia, era motivo de escândalo, mas um homem bêbado era aceitável.

Assistíamos a filmes com Frank Sinatra, Dean Martin, Humphrey Bogart, James Dean e muitos outros atores, todos bebendo pra caramba.

— Ué, então é moda, é legal, é bacana.

Muitos da minha geração, com 15, 16 anos, já começavam a beber e fumar.

Na minha família ninguém bebia, portanto, o exemplo foi externo. Comecei a beber nos bailinhos do bairro, "pegando leve", mas já me iniciando. Depois do "pegar leve", vem o "beber socialmente" que, traduzido para o bom português, significa: se for a uma festa, beba, senão você fica por fora. Afinal, todo mundo bebe!

Depois do "socialmente", vem o "ocasionalmente", ou seja, hoje não tem festa, mas vou beber. E aí começam as desculpas de bêbado – e acho que conheço quase todas –, do tipo:

— Estou meio cansado, acho que vou tomar uma.

— Estou nervoso, vou tomar uma pra relaxar.

— Está frio hoje, vou tomar uma pra esquentar.

— Estou com a pressão baixa, vou tomar uma pra estabilizar.

— Estou meio resfriado, e nada melhor que um conhaque com limão.

As desculpas são muitas. Tudo vira motivo pra beber, e não *uma* dose só, como nas frases acima, mas várias.

Comecei a beber mais frequentemente quando passei a tocar e frequentar a noite. Eu era resistente à bebida, e é aí que mora o perigo. Existem pessoas que, depois do terceiro ou quarto drinque, começam a vomitar e passar mal, mas eu, ao contrário, passava bem, ficava ligadão, esperto e mais ousado.

Lembro-me de que, quando tocava nOs Incríveis, as pessoas me chamavam de "gordinho", "fofinho", mas o certo seria me chamarem de "inchadinho". Com o decorrer do tempo, queira ou não, você se torna uma personalidade alcoólica, porque as pessoas se acostumam com você desse jeito, e até o(a) acham superlegal. E você também acaba achando e se acostumando.

O costume vira hábito, e o hábito vira vício.

Chegou uma época na minha vida em que precisava ficar bebum pra fazer qualquer coisa, pra tocar, pra aguentar as pressões normais da vida e os problemas.

Qualquer coisa era motivo pra beber. Eu devia ter uns cinco anjos da guarda porque, após as barbaridades que cometi com meu carro e minha moto, não era para estar aqui, hoje, escrevendo este livro. Estou vivo porque Deus quis, pois me lembro de que, depois de tocar à noite, eu saía de moto "travadão" e, no dia seguinte, nem me lembrava como tinha chegado em casa. Realmente foi uma insanidade.

De nada adiantavam minhas leituras de filosofia oriental, espiritualidade, auto-ajuda... A bebida era mais forte, e uma constante em minha vida.

Bebi durante 30 anos, dos 14 aos 44 anos, e parei de beber porque não aguentava mais ficar de ressaca, e porque comecei a ver alguns amigos adoecendo, outros morrendo, o que me serviu de espelho. Nunca fui um alcoólatra 5 estrelas, que caem na sarjeta e coisas do gênero. Mas acredito que eu ficaria bem com 3 estrelas, que é uma merda também.

De repente, o milagre aconteceu. Deu um estalo, e resolvi parar, custasse o que custasse. Foi no ano de 1992.

Parei por livre e espontânea vontade, sem ajuda do AA, o que teria sido muito mais fácil, mas resolvi encarar o desafio sozinho,e, confesso, foi muito difícil. Fiquei quase um ano inteiro meio enclausurado em casa, sem a mínima vontade de sair e de ver pessoas. Foi um período de isolamento e reflexão. Tive muito tempo pra pensar nas "burradas" que cometi com as pessoas, no trabalho, nos relacionamentos, e como isso tudo "queimou meu filme" e atrapalhou muito minha vida. Quanto à abstinência, eu não sentia falta da bebida em si, do paladar, do sabor, e sim da loucura que ela proporcionava, o que era sem dúvida uma boa maneira de fugir da vida.

Acho incoerente os governos insistirem em fazer campanhas contra o fumo ou tabaco e nenhuma contra o alcoolismo. Sei que o cigarro prejudica muito e que até mata, mas o mais prejudicado é quem fuma; diferente do álcool, que causa muito mais danos à sociedade, como as brigas em família, os assassinatos em bares por discussões tolas, a enorme porcentagem de acidentes de trânsito... A bebida arrasta muita gente para o caos.

Depois de um ano de abstinência e solidão, comecei a sair de novo. Lembro-me de que fui a uma festa na casa de um amigo. Quando cheguei, já esperava a inevitável pergunta:

— O que você vai beber? Um uisquinho, cerveja, um campari ou vinho branco?

— Não, obrigado, não estou bebendo.

— O quê??! Você não está bebendo?! Então, que tal um licorzinho?

— Você ainda não entendeu. Eu não quero beber, mas aceito uma água tônica.

Era uma decepção para muitos amigos o simples fato de eu não beber mais. E os ouvi muitas vezes falarem que eu já não era mais o mesmo, que estava triste e ficando velho, e todas essas baboseiras. Eu aguentava e ficava na minha, sem nem mesmo responder. Depois de algumas horas, eu percebia bem que alguns deles, que tinham bebido um pouco a mais, já estavam alterando a voz, esclerosando nos papos, e com "chicletes na boca", ou seja, falando meio enrolado. "Mas *zuzzo* bem."

Eu olhava aquelas cenas e pensava: "Meu Deus, eu ficava assim também...". O que só reforçava minha vontade de parar.

Depois de algum tempo, as pessoas se acostumaram com o "novo Nenê" e não me cobraram mais. Hoje não sinto falta nenhuma do álcool, parece que parei de beber há muito mais tempo, o que me dá uma estranha sensação. Não tenho nada contra quem bebe, mas já bebi o suficiente nesta vida. Agora estou fora, e não a recomendo...

Leia o que Deepack Choppra escreveu:

"O mau uso, exagerado e desregrado do álcool e das drogas que alteram a consciência são ingeridos compulsivamente, para evitar a vida, promover a ilusão e o entorpecimento dos sentidos, e como fuga paranóide, inconsciente das relações com as pessoas e a realidade."

UMA NOVA CONSCIÊNCIA

Como você pôde perceber ao longo deste livro, minha vida foi, até agora, cheia de aventuras, com ou sem sucesso, muitas loucuras, e também muitos altos e baixos.

Pensando nisso tudo, senti que era a hora de me equilibrar, agora com a cabeça mais clara e sem o álcool. E milagres acontecem quando você se propõe a melhorar e evoluir; livros, pessoas e situações aparecem na sua vida para ajudar.

No meu caso, a meditação e a espiritualidade foram as responsáveis pela minha mudança para uma vida mais plena, mais harmoniosa e mais equilibrada. A meditação me colocou mais em sintonia com Deus e comigo mesmo, e, através dela, hoje consigo ver a vida sob um prisma diferente, diminuindo bastante minha ansiedade e mantendo a paz necessária para o meu equilíbrio emocional.

A espiritualidade, por sua vez, me fez entender a essência de todas as religiões e filosofias, bem como a nítida certeza da presença de Deus em minha vida. Isso tudo me ampliou a consciência e me proporcionou uma outra maneira de encarar a vida. E estou aprendendo muito.

Estou aprendendo, por exemplo, que o grande desafio desta vida é me relacionar com as pessoas.

Estou aprendendo o equilíbrio entre o TER e o SER.

Estou aprendendo que, se eu ficar obcecado por qualquer coisa, serei escravo dela.

Estou aprendendo que tenho muito que aprender ainda nesta escola chamada vida e que, para isso, tenho de manter minha mente sempre aberta para o "novo". Por mais maravilhoso que tenha sido meu passado, ele passou, já se foi. O que importa é o aqui e agora.

Mas vou parar por aqui, senão você vai pensar que o livro passou a ser de auto-ajuda, o que não é o caso.

EPÍLOGO

Realmente foi uma experiência incrível escrever este livro. No início, confesso que pintou aquela insegurança. Afinal, nunca tinha escrito nada. Mas, depois, embarquei nessa viagem, entrei no túnel do tempo, e fui buscar, lá atrás, minhas memórias que já estavam quase esquecidas.

Senti a solidão pela qual o escritor inevitavelmente passa, remoendo ideias e palavras até chegar ao ponto desejado.

Senti uma saudade imensa das pessoas aqui citadas – e das implícitas também –, porque recordar é viver.

E por momentos vivi as mesmas emoções dos vários acontecimentos e histórias que aqui narrei.

Experimentei sensações de alegria, de amor, de humor, mas também de tristeza, de pesar e de perda.

Mas a vida é assim mesmo, e vem com todos esses temperos, senão, com certeza, seria uma experiência muito insossa, sem graça.

Alguns capítulos fluíram tranquilos, outros foram mais difíceis de escrever, porque, afinal, estive lidando com emoções diversas, e quando se lida com elas, os sentimentos também são os mais diversos.

Gostaria de agradecer aqui a todas as pessoas que me ajudaram na minha carreira musical. Até pensei em fazer uma lista, mas seria muito extensa e, além disso, eu correria o risco de esquecer alguns nomes. Contudo, tenho certeza de que todas elas sabem da minha eterna gratidão. Graças a Deus fiz muitos amigos durante esses anos.

Foi muito gratificante poder me expressar através de palavras escritas, porque tenho a impressão de que, ao terminar este livro, termino também um ciclo da minha vida, e de que me preparo para o próximo, mais consciente e sempre aberto para novos trabalhos, novos desafios, novas aventuras, novos caminhos.

Fui o mais sincero e verdadeiro que pude, para que deste modo você me conhecesse melhor. E acredite, o prazer foi todo meu!

Muito obrigado, e que Deus abençoe a todos!

Nenê

JUNTO COM ESTE EXEMPLAR, UMA PEQUENA LEMBRANÇA PRA VOCÊ

No final da década de 1990 comprei um porta studio de oito canais. Tranquilo em casa, eu gravava todos os instrumentos, ou seja; baixo, guitarras, teclados e programava a bateria eletrônica. Resolvi então fazer um CD instrumental para presentear leitores e fãs. Não deixa também de ser uma maneira de vocês me conhecerem por meio das músicas compostas, tocadas e arranjadas por mim.

Boa audição, e um grande abraço.

Nenê Benvenuti

Músicas do CD

1. Benvenuti Blues
2. Para Carlos Santana
3. Black Dance
4. Portal 11:11
5. Alaska
6. Funk ando
7. Old Clean Guitar
8. São Paulo boogie woogie
9. Tribute to The Ventures
10. Swingin rock

www.nenedosincriveis.com.br